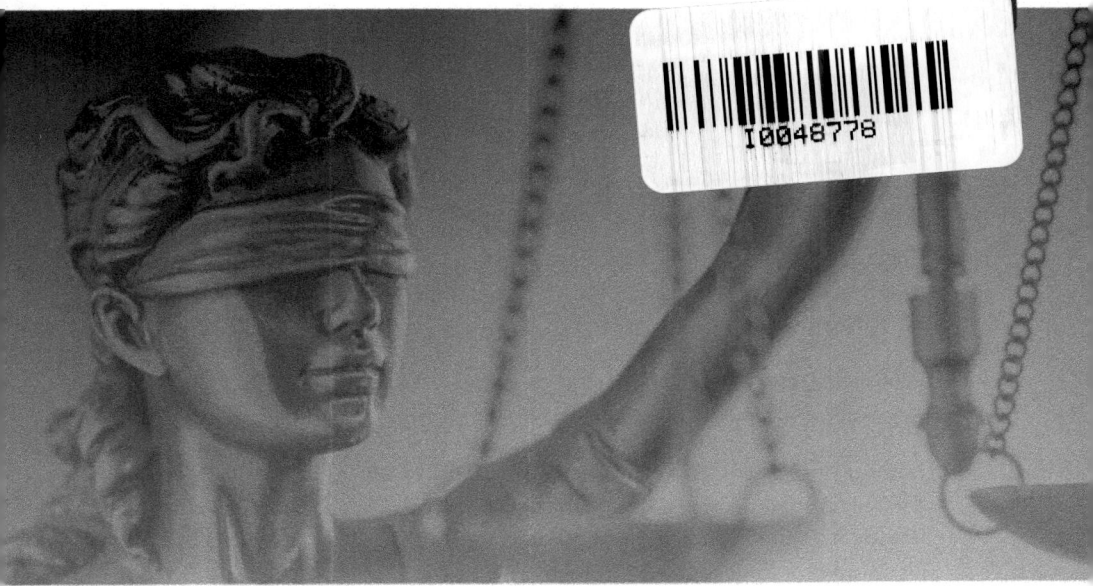

DESAFIOS
CONTEMPORÂNEOS DO DIREITO INTERNACIONAL

TENDÊNCIAS E EVOLUÇÕES NA PRÁTICA JURÍDICA GLOBAL

Organizador:

Douglas de Castro

Autores:

Euclides de Almeida Silva Filho, Alana Danielle de Andrade Azevedo Costa, Márcia Maria Costa Azevedo, Bruno Starcke Buzetti, Daniele Arcolini Cassucci de Lima, Ricardo Marinello de Oliveira, Arinéia Barbosa de Macedo.

AMBRA
UNIVERSITY
press

Publisher: Ambra University Press
First edition: MAY 2024 (Revision 1.0a)

Author: Douglas de Castro; Euclides de Almeida Silva Filho; Alana Danielle de Andrade Azevedo Costa; Márcia Maria Costa Azevedo; Bruno Starcke Buzetti; Daniele Arcolini Cassucci de Lima; Ricardo Marinello de Oliveira; Arinéia Barbosa de Macedo.
Title: Desafios Contemporâneos do Direito Internacional
Cover design: Ambra University Press
Book design: Ambra University Press
Proofreading: Ambra University Press

E-book format: EPUB
Print format: Print format: Paperback- 6 x 9 inch

ISBN: 978-1-952514-86-9 (Print - Paperback)
ISBN: 978-1-952514-53-1 (e-book – EPUB)

Ambra is a trademark of Ambra Education, Inc. registered in the U.S. Patent and Trademark Office.
Ambra University Press is a division of Ambra Education, Inc.
Orlando, FL, USA
https://press.ambra.education/ • https://www.ambra.education/

Editora: Ambra University Press
Primeira edição: maio 2024 (Revisão 1.01)

Autores: Douglas de Castro; Euclides de Almeida Silva Filho; Alana Danielle de Andrade Azevedo Costa; Márcia Maria Costa Azevedo; Bruno Starcke Buzetti; Daniele Arcolini Cassucci de Lima; Ricardo Marinello de Oliveira; Arinéia Barbosa de Macedo.
Título: Desafios Contemporâneos do Direito Internacional
Design da capa: Ambra University Press
Projeto gráfico: Ambra University Press
Revisão: Ambra University Press

Formato e-book: EPUB
Formato impresso: Capa mole - 6 x 9 polegadas

ISBN: 978-1-952514-86-9 (Impresso – capa mole)
ISBN: 978-1-952514-53-1 (e-book – EPUB)

Ambra é uma marca da Ambra Education, Inc. registrada no U.S. Patent and Trademark Office.
Ambra University Press é uma divisão da Ambra Education, Inc.
Orlando, FL, EUA
https://press.ambra.education/ • https://www.ambra.education/

SUMÁRIO

SOBRE OS AUTORES

Douglas de Castro

Advogado chefe da área ambiental e regulatória do CLA Advogados; mais de 20 anos de experiência jurídica; professor visitante na Escola de Direito da Lanzhou University (Lanzhou, Gansu, China), pós-doutorado pela Escola de Direito de São Paulo (FGV), doutorado em ciência política pela Universidade de São Paulo (USP), mestrado em direito internacional pela (USP), mestrado em direito pela Brigham Young University nos EUA, Visiting Scholar da Foundation for International Law & Affairs em Washington D.C.; líder do núcleo de estudos avançados em direito e política internacional da Ambra University..

Euclides de Almeida Silva Filho

Advogado. Mestre em Ciências Jurídicas pela Ambra University. Pós-Graduado em Direito Público pela Universidade Estácio de Sá. Pós-Graduado em Direito Civil e Direito Processual Civil pela Universidade da Região de Joinville (UNIVILLE). Graduado em Direito pela Universidade da Região de Joinville (UNIVILLE).

ALANA DANIELLE DE ANDRADE AZEVEDO COSTA

Mestre em Ciências Jurídicas pela Ambra University. Participante do Núcleo de Estudos Avançados em Direito e Política Internacional (NEA-DPI). Analista Judiciário do Tribunal de Justiça de Pernambuco, onde exerce a função de Coordenadora do Núcleo de Revisores e Certificadores da Central Judiciária de Processamento Remoto do Primeiro Grau. Pós-graduada em Direito Público pela Escola Judicial de Pernambuco – ESMAPE e em Direito Ambiental pela Faculdade Facuminas. Graduada em Direito pela Universidade Católica de Pernambuco – ÚNICAP.

MÁRCIA MARIA COSTA AZEVEDO

Possui Graduação em Direito pela Universidade Estadual do Piauí. Tem experiência na área de Direito, com ênfase em Direito Civil e Processo Civil obtida pela Pós-graduação a nível de Especialização pela Sociedade de Ensino Superior Piauiense (Faculdade Piauiense-FAP). Mestra em Master of Science in Legal Studies na Ambra University. Advogada. Exerceu vários cargos públicos e, atualmente, exerce o cargo de Analista Judiciário-Área Judiciária na 56ª Zona Eleitoral em Barreirinhas-MA no Tribunal Regional Eleitoral do Maranhão.

BRUNO STARCKE BUZETTI

Mestrando em Ciências Jurídicas (Master of Science in Legal Studies) pela Ambra University, Orlando/FL (EUA). Pós-graduado em Direito Público pela Universidade Leonardo da Vinci, Indaial/SC (Brasil). Pós-graduado em Direito Penal e Processual Penal pela Universidade

Gama Filho (UGF), Rio de Janeiro/RJ (Brasil). Graduado em Direito pela Universidade Estadual Paulista Júlio de Mesquita Filho (UNESP), Franca/SP (Brasil). Atualmente exerce o cargo de Analista Jurídico do Ministério Público do Estado de São Paulo.

DANIELE ARCOLINI CASSUCCI DE LIMA

Mestranda em Direito. Participante do Núcleo de Estudos Avançados em Direito e Política Internacional (NEA-DPI). Especialista em Gestão Estratégica de Negócios (UNIFEOB). Especialista em Direito Processual (PUC – Minas). Professora de Direito Internacional, Digital, Civil e Penal e da Pós-Graduação em Ciências Forenses (do Centro Universitário da Fundação de Ensino Octávio Bastos - UNIFEOB). Advogada em São Paulo, Brasil, há 16 anos.

RICARDO MARINELLO DE OLIVEIRA

Mestrando em Direito na Ambra University. Possui pós-graduação em Direito Público pela Fundação Escola Superior do Ministério Público do Rio Grande do Sul; Gestão do Esporte e Direito Desportivo pela Faculdade Brasileira de Tributação e Lato Sensu em Compliance, LGPD & Prática Trabalhista pelo Centro Universitário do Sul de Minas.

ARINÉIA BARBOSA DE MACEDO

Mestra em Direito pela Ambra University-EUA. Pós-graduada em Processo Judiciário pela Escola Superior de Advocacia do Amazonas - ESA/OAB/AM em parceria com a Faculdade Figueiredo Costa/UNIFAL. Bacharel em Direito pelo Centro Universitário do Norte-UNINORTE. É integrante de carreira da Polícia Civil do Estado do Amazonas.

PREFÁCIO

Douglas de Castro

O século XXI se desenrola como uma era de relações internacionais que desafia as probabilidades mais conservadoras das chamadas teorias *mainstream* de relações internacionais e põe à prova os princípios liberais fundamentais da governança global.

Por exemplo, o conflito entre Rússia e Ucrânia e o uso de sanções econômicas unilaterais destacam a fragilidade da ordem internacional. A pandemia da COVID-19 revelou vulnerabilidades na cooperação internacional e nos mecanismos de resposta, evidenciando falhas sistêmicas em nossas estruturas de saúde global, bem como expôs a profunda interdependência econômica existente entre os países e as cadeias de suprimentos. Recentemente, o conflito entre Israel e o grupo Hamas, designado como uma organização terrorista por diversos países e entidades internacionais, trouxe à tona mais uma vez a complexidade e a persistência das tensões no Oriente Médio, reacendendo os debates sobre segurança, direitos humanos e a necessidade de uma solução duradoura para a paz na região.

Ademais, os desafios estruturais do sistema internacional que implicam ações de curto, médio e longo prazo, por conta dos desafios exemplificados no parágrafo anterior, ficam relegados ao segundo plano e ampliam a insegurança. Os países deixam de adotar soluções duradouras a despeito da ameaça existencial gerada pelo desenvolvimento econômico e tecnológico que marca o final da Segunda Guerra Mundial.

As mudanças climáticas apresentam um dos desafios globais mais prementes, cruzando fronteiras nacionais e exigindo respostas legais coordenadas, que estão longe de serem minimamente eficazes frente à ameaça existencial para a humanidade. Nesse contexto, eventos naturais extremos, perda de biodiversidade e a degradação ambiental em razão de altas taxas de poluição se destacam, ameaçando os ecossistemas e a vida em nosso planeta.

A inteligência artificial surge como uma força disruptiva com o potencial de remodelar as relações internacionais e os marcos legais, impactando a governança global e criando novos desafios éticos e de segurança. A cibersegurança torna-se uma preocupação crescente, à medida que a dependência de tecnologias digitais se intensifica e os ciberataques se tornam mais sofisticados. A aplicações militares de inteligência artificial reacendem o temor de invasões sistêmicas, erros ou até mesmo de má utilização em razão de percepção humana (neste sentido, ver a sátira sobre a lógica *mutually assured destruction* que imperava durante a Guerra Fria no filme *Dr. Strangelove or: How I Learned to Stop Worrying and Love the Bomb*).

Ainda no campo da tecnologia, a exploração espacial emergiu como um campo inovador e ambicioso, sendo cada vez mais dominado por empresas privadas. Empresas como SpaceX, Blue Origin, e outras, representando um deslocamento significativo dos programas financiados e controlados pelo governo, desafiando as estruturas de governança existentes e levantando questões críticas sobre regulamentação, segurança e soberania. Ademais, há um componente ambiental importante que é a produção de lixo espacial e a responsabilidade destas empresas quanto a proteção do meio ambiente espacial.

A desigualdade econômica global e a exclusão social também se aprofundam, exacerbando tensões e instabilidades, levando ao avanço do populismo e do nacionalismo em várias partes do mundo ameaça minar os princípios do multilateralismo e da cooperação internacional em favor de medidas protecionista e isolacionistas, que geram mais desigualdades e insegurança.

Por último, mas não menos importante, em meio a esses desafios, a ascensão da China como uma potência econômica e política global tem perturbado as dinâmicas de poder tradicionais, representando um desafio à ordem legal liberal pós-Segunda Guerra Mundial. A crescente influência da China nas instituições internacionais e sua política externa assertiva sublinham as mudanças nas correntes de poder global, desafiando os marcos legais que as potências ocidentais têm moldado por muito tempo.

Diante desse cenário, torna-se imperativo recalibrar as estruturas de governança internacional, buscando mecanismos mais eficazes e inclusivos de gestão global. Isso implica reconhecer a multiplicidade de atores no cenário internacional, incluindo países emergentes, organizações não governamentais, empresas transnacionais e sociedades civis. É fundamental promover um diálogo mais aberto e equitativo, reavaliando os princípios e práticas que regem as relações internacionais, inclusive fortalecer as formas pacíficas de solução dos conflitos.

Com vistas a fazer uma contribuição para este debate é que se reúnem neste volume alguns dos trabalhos que mereceram destaque na disciplina de mestrado Direito Internacional Público por mim ministrada na Ambra. Os temas dos capítulos abarcam de forma direta ou indireta os desafios que mencionei neste Prefácio, sem a pretensão de esgotar o tema, mas, de ampliar os horizontes do debate, que em tempos de fake News e pós-verdade, torna-se essencial.

No capítulo 1 - A virada kantiana como pressuposto para o transconstitucionalismo relativamente aos direitos humanos – o autor explora a filosofia kantiana e seu papel vital na formação do transconstitucionalismo, especialmente em relação aos direitos humanos, que no plano de sua proteção o transnacionalismo se junta ao internacional para ampliar a sua cobertura. Ele explora como os princípios kantianos de dignidade humana e autonomia são essenciais para a compreensão e proteção dos direitos humanos em uma era globalizada, proporcionando uma base filosófica sólida para a integração de diferentes ordens jurídicas e constitucionais.

Pode-se dizer que o capítulo 2 - Agenda 2030 e precaução no direito ambiental internacional: estudo de caso sobre a China e a sustentabilidade energética global – apresenta um olhar alternativo sobre a forma de se lidar com os recursos naturais. Este capítulo aborda a Agenda 2030 da ONU para o Desenvolvimento Sustentável, com um foco particular no princípio da precaução no direito ambiental internacional. Por meio de um estudo de caso sobre a China, ele examina como uma das maiores economias do mundo está lidando com os desafios da transição para uma energia mais sustentável, destacando os avanços e os obstáculos encontrados, e discutindo as implicações para a sustentabilidade energética global e o papel da China na governança ambiental global.

O capítulo 3 - Internacionalização da Amazônia - uma visão institucionalista - examina a internacionalização da Amazônia sob uma perspectiva institucionalista, destacando como as instituições globais e regionais desempenham um papel vital na gestão e proteção desta importante região. Ele discute os desafios e as oportunidades apresentados pela internacionalização, e argumenta pela necessidade de uma abordagem cooperativa e sustentável para garantir a conservação da biodiversidade e o bem-estar das comunidades locais. Ademais, a despeito de ser um debate sobre um tema regional, suas implicações podem ser facilmente extrapoladas para outras regiões no mundo em que há a necessidade de proteção do meio ambiente, recursos naturais, biodiversidade e povos originários.

O capítulo 4 - Securitização e o Discurso do Medo no Século XXI – apresenta uma dimensão teórica profunda ao se debruçar sobre as contribuições da chamada Escola de Copenhagen para a disciplina de Relações Internacionais Este capítulo aborda o fenômeno da securitização e o papel central do discurso do medo na sociedade contemporânea. Ele explora como diferentes questões, desde o terrorismo até as mudanças climáticas, são enquadradas em termos de segurança, examinando as implicações dessa abordagem para a política, a sociedade e os direitos individuais. O capítulo questiona a sustentabilidade dessa tendência e busca caminhos para uma abordagem mais equilibrada e reflexiva das questões de segurança no século XXI. Trata-se de um capítulo que serve de base para entender porque governos deslocam temas que normalmente seriam de natureza política para a dimensão militar de segurança.

A natureza empírica do capítulo 5 - O Avanço do Grupo Extremista Talibã sobre a Capital do Afeganistão e as Implicações do Êxodo de Afegãos na Sociedade Internacional – dialoga com o enfoque teórico apresentado no capítulo 6. Ele analisa o impacto dramático do retorno do Talibã ao poder no Afeganistão, com um foco particular nas consequências humanitárias e na crise de refugiados que se seguiu. Ele explora as implicações para o direito e sociedade internacional, o papel das organizações internacionais e dos países vizinhos, e discute as respostas e responsabilidades da comunidade global diante dessa crise.

O capítulo 6 - Arbitragem Internacional: Conflito de leis aplicável na cláusula arbitral – contribui para o debate sobre os modos pacíficos de solução de controvérsias em um mundo que anda cada vez mais conflituoso. Este capítulo aborda a complexidade inerente à arbitragem internacional, focando-se especificamente no conflito de leis que pode surgir em relação às cláusulas arbitrais. Ao fazer isso, ele explora as diferentes jurisdições e sistemas legais envolvidos, destacando como a variedade de interpretações e aplicações pode resultar em incerteza e complexidade. A análise detalhada das estratégias para mitigar tais conflitos e a discussão sobre as melhores práticas fornecem um guia valioso para praticantes e acadêmicos da área.

Por fim, o capítulo 7 - Conflitos Internacionais – O Papel da Corte Internacional de Justiça – apresenta uma visão geral do papel da Corte Internacional de Justiça, ligada a Organização das Nações Unidas na solução pacífica de conflitos interestatais. Este capítulo se torna ainda mais relevante ante a decisão da Corte no caso apresentado pela África do Sul contra Israel em razão dos ataques indiscriminados na Faixa de Gaza que, sob o pretexto de legitima defesa, impõe a milhares de pessoas inocentes o deslocamento forcado, fome e destruição. O capítulo nos leva a reflexão do papel e da efetividade das decisões proferidas pela Corte na solução pacífica dos conflitos que deve ser sempre buscada para a restauração e manutenção da paz

Dessa forma, o livro contribui de forma geral para uma visão ampliada de temas relevantes no cenário internacional atual e de forma específica para dois temas que se destacam: a necessidade de reformas institucionais e responsabilidade internacional.

A reforma das instituições internacionais, para torná-las mais representativas e capazes de responder aos desafios contemporâneos, é uma necessidade urgente. Isso inclui revisar as estruturas de tomada de decisão, como o Conselho de Segurança das Nações Unidas, e fortalecer organismos multilaterais que lidam com saúde global, meio ambiente e desenvolvimento. Ademais, este fortalecimento tem o potencial de ampliar a eficiência regulatória do direito internacional.

A transparência, a responsabilidade e a inclusão devem ser os pilares de uma nova ordem global, garantindo que as decisões tomadas reflitam as necessidades e aspirações de uma população global diversificada. A governança global do século XXI deve ser capaz de equilibrar poder e princípios, garantindo a paz, a segurança e o bem-estar para todos.

BOA LEITURA!

A VIRADA KANTIANA COMO PRESSUPOSTO PARA O TRANSCONSTITUCIONALISMO RELATIVAMENTE AOS DIREITOS HUMANOS

Autor:

Euclides de Almeida Silva Filho

O transconstitucionalismo, fenômeno concernente no entrelaçamento entre ordens jurídicas nacionais, internacionais e supranacionais, tem estado em evidência e a tendência é, cada vez mais, a recorrência a esse meio para a solução de problemas constitucionais em uma sociedade mundial complexa e multicêntrica.

Para que o transconstitucionalismo possa ser um meio eficaz para a concretização dos direitos humanos na solução de problemas que não podem ser enfrentados dentro da perspectiva estrita da ordem jurídica nacional, a demandar, pois, um entrelaçamento entre ordens jurídicas distintas, cujo objetivo seja formar pontes de transição para a ocorrência de uma conversação constitucional, estimulando a alteridade, faz-se necessária a busca de uma fundamentação dos direitos humanos que permita este processo acontecer de forma hígida. Neste artigo, demonstrar-se-á se a virada kantiana, mediante sua formulação teórica dos direitos humanos, cumpre esse desiderato.

Esta busca faz-se necessária a considerar as várias discussões teóricas contemporâneas a respeito dos direitos humanos, baseadas em distintos paradigmas, seja relativamente ao âmbito interno dos Estados nacionais ou às ordens supranacionais e internacionais. O transconstitucionalismo precisará estar ancorado em um pressuposto teórico que permita a ele ser um meio efetivo de concretização dos direitos humanos, vez que, de outro modo, haverá um desvirtuamento sistêmico dos seus propósitos.

Os marcos teóricos para este artigo serão a filosofia de Immanuel Kant e a jusfilosofia de Marcelo Neves. A pesquisa será bibliográfica e documental, valendo-se dos métodos genealógico e fenomenológico.

Na primeira parte deste artigo, assinalar-se-á a trajetória histórico-evolutiva da teoria do direito, indo do direito natural ao pós-positivismo, com a devida explicação das concepções que surgiram e a sua inserção no contexto histórico.

Em sequência, discorrer-se-á sobre a contribuição da virada kantiana para a consolidação dos direitos humanos. Serão analisados os seus pontos essenciais e como eles forjaram a concepção contemporânea de direitos humanos.

Por fim, estudar-se-ão os elementos essenciais do transconstitucionalismo e a forma como ele tira o seu pressuposto teórico da virada kantiana na questão dos direitos humanos.

DO DIREITO NATURAL AO PÓS-POSITIVISMO

Em primeiro lugar, cabe proceder à análise do processo histórico-evolutivo que levou o Direito das concepções jusnaturalistas às pós-positivistas. Estas concepções modularam a forma de se compreender o Direito e de situá-lo dentro do contexto social.

A concepção de Direito Natural é antiguíssima, oriunda da Grécia Antiga[1], provavelmente anterior ao surgimento da filosofia, em que as chamadas leis naturais teriam precedência e seriam fonte das leis positivas (Pereira-Marques, 2019).

Em relação ao direito positivo do Estado, o direito natural é anterior, superior, distinto e independente, a considerar que a sua validade deriva de si próprio[2]. Várias doutrinas de direito natural, bastante distintas entre si, surgiram ao longo da história, desde a antiguidade até a era contemporânea.

Na antiguidade, o jusnaturalismo era marcado por uma concepção de caráter metafísico, da ideia do 'justo por natureza' em relação ao 'justo por lei', que, conforme explicita Bobbio (1998): "seria derivado de uma lei universal racional e imanente, conforme a uma razão imutável e eterna que não muda com os países e com os tempos e que o homem não pode violar sem renegar a própria natureza humana".

Durante o período da Idade Média, as concepções escolásticas, de forte matiz teocrático, exerceram notável influência na concepção do Direito Natural. Segundo Santo Agostinho, as leis naturais teriam origem na lei divina,

---

1   As primeiras manifestações de jusnaturalismo se dão na antiga Grécia. A figura de Antígona, na tragédia homônima de Sófocles, converte-se como que em símbolo disso: ela se recusa a obedecer às ordens do rei, porque julga que, sendo ordens da autoridade política, não podem sobrepor-se às eternas, às dos deuses" (Bobbio, 1998, p. 656).

2   "O Jusnaturalismo é uma doutrina segundo a qual existe e pode ser conhecido um "direito natural" (iusnaturale), ou seja, um sistema de normas de conduta intersubjetiva diverso do sistema constituído pelas normas fixadas pelo Estado (direito positivo). Este direito natural tem validade em si, é anterior e superior ao direito positivo e, em caso de conflito, é ele que deve prevalecer. O Jusnaturalismo é, por isso, uma doutrina antitética à do "positivismo jurídico", segundo a qual só há um direito, o estabelecido pelo Estado, cuja validade independe de qualquer referência a valores éticos" (Bobbio, 1998, p. 655-656).

sendo o trabalho do Direito incorporar a lei divina no âmbito da lei humana. Já em Santo Tomás de Aquino, haveria uma lei eterna, uma lei natural e uma lei humana, e a lei natural seria fruto da lei eterna, de origem divina (Bittar; Almeida, 2019).

Com o Renascimento que marcou o fim da Idade Média, o Direito Natural passou por nova reformulação, adotando uma vertente racionalista, de caráter antropocêntrico, em que o princípio último de todas as coisas não seria mais Deus, nem a natureza, mas a razão. Os direitos naturais seriam apreendidos pela reta razão, cujo exercício adviria à forma dos matemáticos (Bittar; Almeida, 2019).

O Direito Natural começa a ter seus fundamentos questionados com Kant, em virtude da sua filosofia racionalista crítica, que dá novos contornos à teoria do conhecimento vigente até então, realizando uma revolução copernicana[3], mudando o ponto de foco do objeto-do-conhecimento para o sujeito-do-conhecimento (Bittar; Almeida, 2019).

A sua conciliação entre empirismo e racionalismo ocorre quando este afirma que o conhecimento só é possível na medida em que interagem condições materiais de conhecimento advindas da experiência com condições formais de conhecimento operadas pela razão. A união entre experiência e

---

3   "Até hoje admitia-se que o nosso conhecimento se devia regular pelos objetos; porém, todas as tentativas para descobrir a priori, mediante conceitos, algo que ampliasse o nosso conhecimento, malogravam-se com este pressuposto. Tentemos, pois, uma vez, experimentar se não se resolverão melhor as tarefas da metafísica, admitindo que os objetos se deveriam regular pelo nosso conhecimento, o que assim já concorda melhor com o que desejamos, a saber, a possibilidade de um conhecimento a priori desses objetos, que estabeleça algo sobre eles antes de nos serem dados. Trata-se aqui de uma semelhança com a primeira idéia de Copérnico; não podendo prosseguir na explicação dos movimentos celestes enquanto admitia que toda a multidão de estrelas se movia em torno do espectador, tentou se não daria melhor resultado fazer antes girar o espectador e deixar os astros imóveis" (Kant, 2001, p. 45-46).

razão torna possível o conhecimento que, por conseguinte, informa que os objetos são contaminados pela razão humana (Bittar; Almeida, 2019).

Desta forma, o que importa é o que o sujeito cognoscente capta dos objetos, por meio da junção entre a experiência e a operacionalização da razão[4], que dará o sentido ao objeto do conhecimento, não sendo cabível, então, procurar aquilo que seria a essência do objeto, pois a produção de sentido estará sempre condicionada por aquilo que a razão humana produz.

Kant era adepto do jusnaturalismo, considerando-o como um direito que se apoia somente em princípios a priori, enquanto que o direito positivo era aquele que provém da vontade de um legislador (Kant, 2013). O seu racionalismo crítico, na medida em que conciliou o conhecimento empírico com o racional, foi um elemento de grande importância à transformação operada pelo positivismo jurídico, em que se passou a dar primazia ao direito positivo em relação ao direito natural, tendo grandes nomes do positivismo, como Kelsen, inspirado-se em Kant.

O positivismo jurídico tem suas origens no início do século XIX e não está ligado propriamente ao positivismo filosófico, mas antes ao Direito Positivo[5] em contraposição ao Direito Natural, tendo tido como seu antecedente histórico direto a escola historicista de Savigny e Gustavo Hugo (Bobbio, 1995).

Segundo Streck (2017), o positivismo jurídico pode ser definido como:

---

4   "Dessa maneira, a estrutura da razão é inata e universal, enquanto os conteúdos são empíricos e podem variar no tempo e no espaço, podendo transformar-se com novas experiências e mesmo revelarem-se falsos, graças a experiências novas" (Chauí, 2010, p. 98).

5   "Na tentativa de se opor às ditas abstrações jusnaturalistas, o positivismo partia daquilo que estava posto, positivado. Nesta direção aponta sua raiz etimológica, originado do latim positivus (positus: particípio passado de ponere – "colocar", "botar" + tivus: que designa uma relação ativa ou passiva), que se refere a algo existente de modo explícito, estabelecido ou aceito convencionalmente" (Streck, 2014, p. 167).

um movimento em que o material jurídico é estabelecido
por alguma autoridade humana legitimada: na França, a lei
produzida pelo legislador racional, de inspiração iluminista
(positivismo exegético); na Alemanha, os conceitos gerais e
abstratos deduzidos pelos juristas-professores (jurisprudência
dos conceitos); na Inglaterra, os precedentes proferidos pela
autoridade política competente (jurisprudência analítica).

O positivismo jurídico, que alcançou ao sua maior expressão no século XIX, caracteriza-se pela perspectiva científica e avalorativa do Direito, onde o estudo do direito real é feito sem se perguntar se além dele existe um direito ideal (natural), sem examinar se o primeiro corresponde ao segundo, ou se a validade do direito real depende da sua correspondência com o direito ideal. O positivista difere do jusnaturalista no ponto em que ele não busca a valoração do direito real com base no direito natural, tendo o Direito como um fato e não um valor (Bobbio, 1995).

Serão analisadas, neste estudo, algumas das principais correntes históricas do positivismo jurídico (a Jurisprudência dos Conceitos, a Escola da Exegese, a Escola Analítica, a Jurisprudência dos Interesses e o Normativismo de Hans Kelsen), visando a demonstrar o seus caracteres essenciais, a evolução do fenômeno e as condições históricas que culminaram no surgimento do pós-positivismo.

A Jurisprudência dos Conceitos foi uma corrente do positivismo jurídico que, com base na ideia de 'pirâmide de conceitos' formulada por Puchta, tinha o Direito como um sistema organizado sob uma hierarquia de conceitos, escalonada tendo por base o grau de abstração e generalidade dos conceitos, partindo-se da generalidade para a particularidade, como que em um desdobramento de conceitos.

O topo desta pirâmide conceitual seria ocupado pelo conceito supremo, dotado de maior abstração, cujo conteúdo determina todos os demais, formando um sistema fechado de conceitos, onde todas as proposições jurídicas são oriundas deste sistema, extraídas de forma lógica-dedutiva, por meio de um processo denominado genealogia dos conceitos (Pepino; Gaviorno; Filgueiras, 2006).

A Escola da Exegese desenvolveu-se na França no século XIX, tendo em vista o debate sobre a melhor forma de se interpretar o Código de Napoleão (1804), exercendo forte influência sobre o movimento pela codificação (Bittar; Almeida, 2019). Os seus principais expoentes (Duranton, Aubry, Rau, Demolombe e Troplong) não negam a existência de um direito natural, mas asseveram que o jurista deve se dirigir exclusivamente ao direito positivo diante da completude do ordenamento jurídico (Bobbio, 1995).

Para Bobbio (1995), a Escola da Exegese:

> *deve seu nome à técnica adotada pelos seus primeiros expoentes no estudo e exposição do Código de Napoleão, técnica que consiste em assumir pelo tratamento científico o mesmo sistema de distribuição da matéria seguido pelo legislador e, sem mais, em reduzir tal tratamento a um comentário, artigo por artigo, do próprio Código.*

A interpretação exegética seria sempre o método hermenêutico primordial para a abordagem científica do Direito. Esta corrente juspositivista caracteriza-se, ainda, pela concepção rigidamente estatal do direito, a busca pela vontade do legislador na interpretação, a identificação da lei com a norma escrita e o respeito pelo princípio da autoridade (Bobbio, 1995).

Observa-se, então, que a Escola da Exegese deposita fé no Direito Positivo e na capacidade do ordenamento jurídico, sobretudo os Códigos, de regularem as relações humanas em sua inteireza, de forma que mesmo eventuais lacunas na lei devem encontrar solução no ordenamento jurídico, ante a sua pretensão de completude. Sendo assim, a atividade interpretativa do jurista deve se restringir a determinar o significado das leis e dos códigos com base no seu texto formal e na vontade do legislador.

Na Inglaterra, desenvolveu-se como corrente do positivismo a Escola Analítica, que tem como principal expoente John Austin, que sofreu forte inspiração do filósofo utilitarista Jeremy Bentham.

Austin define a lei como um comando geral e abstrato. O comando consistiria na expressão de um desejo passível de um mal no caso de não satisfação desse desejo, ou seja, haveria um dever que, se não cumprido, geraria uma sanção. As leis seriam de duas categorias, leis divinas e leis humanas, sejam postas por Deus ou pelos homens. As leis humanas para Austin subdividem-se em leis positivas (direito positivo) e moralidade positiva (Bobbio, 1995).

A lei positiva, pela Escola Analítica, é constituída pelos comandos emanados do soberano, em uma sociedade política independente. A moralidade positiva é posta por um sujeito humano que não possui a qualidade de soberano para um outro ou outros sujeitos humanos. As normas da moralidade positiva podem ser leis propriamente ditas, que se caracterizam por serem comandos (leis que regulam a vida dos indivíduos no estado de natureza, leis que regulam a relação entre os Estados e as leis das sociedades menores), e leis impropriamente ditas, assim denominadas por não possuírem caráter de comandos (costume social) (Bobbio, 1995).

Austin também é adepto da concepção estatal do direito positivo, operando a distinção entre direito judiciário e direito legislativo, em que assevera pela prevalência do direito legislativo e a favor da codificação das leis. Essa distinção não está ligada necessariamente à fonte produtora da norma, no caso o Legislativo ou o Judiciário, mas antes ao modo pelo qual é produzida, sendo que o direito legislativo é constituído por normas gerais e abstratas, dirigidas há um número indeterminado de casos que se verificarão no futuro, e o direito judiciário é constituído por normas particulares, emitidas com a finalidade de regular uma controvérsia única, específica (Bobbio, 1995).

Com o intuito de se contrapor à Jurisprudência dos Conceitos, surgiu a Jurisprudência dos Interesses, cujo maior expoente foi Rudolph Von Ihering.

Esta corrente adota a perspectiva de que toda a proposição jurídica é dotada de uma finalidade. Esses fins não seriam determinados pelo legislador ou já transpostos no texto legal, mas o sujeito destinatário da norma é que estabeleceria o sua finalidade. Adota-se a perspectiva sociológica ao Direito (Larenz, 1997).

A Jurisprudência dos Conceitos, para Ihering, estaria em descompasso com a dinâmica da vida e da economia. No seu célebre "A Luta pelo Direito", Ihering demonstra que o Direito é construído, não através de teoria, mas pela luta[6] das pessoas em busca de justiça, conforme se nota:

> O direito é um trabalho incessante, não somente dos poderes públicos mais ainda de uma nação inteira.
>
> A vida completa do direito, considerada no seu conjunto, apresenta à nossa vista o mesmo espetáculo da luta, trabalho sem tréguas de uma nação que nos patenteia a atividade dos povos na posse plena da produção econômica e intelectual. Cada particular obrigado a sustentar o seu direito toma a sua parte neste trabalho nacional e leva o seu óbolo à realização da ideia do direito sobre a terra (Ihering, 2000, p. 1-2).

A partir disso, Ihering desenvolve os conceitos de direito objetivo e subjetivo. O direito objetivo, assim, seria "o conjunto de princípios jurídicos aplicados pelo Estado à ordem legal da vida", enquanto que o direito subjetivo seria "a transfusão da regra abstrata no direito concreto da pessoa interessada" (Ihering, 2000).

---

6   "Eu tenciono desenvolver aqui a ideia de que a luta é o trabalho do direito e que tanto pelo que diz respeito à necessidade prática, como à importância moral, ela é para o direito, o que o trabalho é para a propriedade" (Ihering, 2000, p. 3).

O positivismo, com a Jurisprudência dos Interesses, deixa de ter uma dimensão puramente lógica, formal e abstrata e passa a ter uma dimensão social, teleológica e prática, mediante a preocupação com a finalidade social da norma jurídica.

O positivismo atinge a sua acepção normativista com Hans Kelsen e sua Teoria Pura do Direito, cujo objetivo consiste em afastar do Direito enquanto ciência tudo aquilo que não tem natureza jurídica, como a ética, a psicologia, a sociologia, dentre outras, construindo uma teoria metodologicamente pura do Direito[7].

Kelsen inspira-se, para formular a sua teoria, em Kant, em sua Crítica da Razão Pura, na medida em que tenta fazer algo parecido com o que Kant fez quando tentou apartar da razão qualquer elemento que não lhe seja próprio, com a sua formulação de juízo sintético a priori, estabelecendo um ponto onde a razão se mostra "pura", sem sofrer qualquer influência de elementos empíricos. Rodrigues-Pereira (2019) descreve esse aspecto da teoria de Kant:

> *Assim como Kant blindou o conhecimento humano das influências da empiria, Kelsen também blindou a Ciência do Direito de tudo que ele julgava metajurídico, ou seja, fora do Direito. Com isso, para o cientista do Direito, o jurista, apenas seria objeto do Direito a norma jurídica, ou seja, aquela regra criada com fundamento em uma constituição, que tiraria sua legitimidade de uma norma hipotética superior, formando, assim, um sistema jurídico escalonado e hierarquizado.*

---

7   "Quando a si própria se designa como "pura" teoria do Direito, isto significa que ela se propõe garantir um conhecimento apenas dirigido ao Direito e excluir deste conhecimento tudo quanto não pertença ao seu objeto, tudo quanto não se possa, rigorosamente, determinar como Direito. Quer isto dizer que ela pretende libertar a ciência jurídica de todos os elementos que lhe são estranhos. Esse é o seu princípio metodológico fundamental" (Kelsen, p. 01).

Portanto, questões ligadas a religião, psicologia, sociologia, filosofia, moral, etc., serão questões que não serão objeto da ciência do Direito.

Em relação ao conceito de justiça, Kelsen adota uma postura relativista, ou seja, acredita que a justiça deve ser um valor inconstante, relativo, dissolúvel e mutável (Bittar; Almeida, 2019). Isso contribui para a sua noção de que o direito positivo deve ser separado de questões éticas, com a legitimidade vindo não da noção do que é justo ou injusto, mas, sim, daquilo que é válido.

A validade é um conceito-chave na teoria kelseniana. A norma jurídica retirará a sua existência, a sua entrada regular no ordenamento jurídico, por meio dos procedimentos formais de criação normativa, tornando-se, a partir daí, válida (Bittar; Almeida, 2019).

É assim que se estabelece o normativismo kelseniano. O ordenamento jurídico é um sistema constituído tão-somente por normas jurídicas válidas. O fundamento de validade do ordenamento jurídico é a norma fundamental (Grundnorm). Sendo um sistema hierarquizado de forma piramidal, a validade da norma inferior é extraída da norma superior, até a última norma, a norma fundamental, que é o pressuposto lógico do sistema, caso contrário a fundamentação do sistema teria que se valer de pressupostos metafísicos, ou de direito natural.

O normativismo de Kelsen foi bem sintetizado da seguinte maneira:

Numa doutrina em que as normas têm total preponderância, até mesmo o fundamento do ordenamento vem definido como uma norma, a norma fundamental, aquela que não remete a nenhuma outra. Seu caráter é técnico-gnosiológico, e sua existência, puramente lógica. Assim, essa norma possui uma natureza puramente pensada, como forma de estancar o regresso ad infinitum do movimento cadenciado da busca do principum de validade de toda a estrutura piramidal do ordenamento jurídico; trata-se de uma ficção do pensamento, na busca de determinar logicamente um começo e um fim (Bittar; Almeida, 2019, p. 432).

A respeito da interpretação, Kelsen a entende fundamentalmente como a compreensão da literalidade da lei. Segundo sua teoria, haveria dois tipos de interpretação, aquela oriunda do cientista do Direito que determina a gama de possíveis significados da norma jurídica e a oriunda do "jurista prático", que procede à escolha de um desses possíveis sentidos por um ato de vontade, decisão, caracterizando uma discricionariedade (Bittar; Almeida, 2019).

Com o positivismo normativista de Kelsen, o positivismo jurídico alcança a sua construção mais sofisticada, totalmente afastada do Direito Natural e abstrações metafísicas, valorativas ou religiosas. Contudo, após a Segunda Guerra Mundial, levando em consideração as atrocidades nazistas que encontraram legitimidade no ordenamento jurídico, surgiu a necessidade de se repensar o positivismo, de forma a não apartar a ética e os valores das elocubrações científicas e metodológicas do Direito[8]. Foi quando surgiu o movimento da virada kantiana cujo qual inaugurou o pós-positivismo.

Enquanto Kelsen inspirou-se na razão pura de Kant, voltada à teoria do conhecimento, para formular a sua Teoria Pura do Direito, os jusfilósofos da virada kantiana também seguiram Kant, mas no que tange à moralidade kantiana, a partir do desenvolvimento do conceito de razão prática[9].

---

[8]   "Apenas após a Segunda Guerra Mundial começou um processo de crítica ao positivismo jurídico como um todo, além das tentativas de novas teorias para o direito enquanto ciência" (Rodrigues-Pereira, 2019, p. 26)

[9]   "A nova fundamentação da Ética por Kant resulta de seu exame crítico da razão prática. A razão prática não é nenhuma outra que a razão teórica; só há uma razão, que é exercida ou prática ou teoricamente. De outro modo geral a razão significa

O pós-positivismo foi definido da seguinte forma, por Streck (2017, p. 211):

> O pós-positivismo no Direito pode ser definido como um amplo movimento de (tentativa de) ruptura/superação do Positivismo Jurídico, evidenciando as limitações deste paradigma ante a complexidade do mundo hodierno. Também pode ser observado como uma tentativa de um novo modelo teórico, em que o problema da razão prática passa a receber uma espécie de "dignidade epistemológica". Isto é, o Direito antes elevado a sua autônoma objetividade, seria compreendido em sua práxis, num movimento de reaproximação com a moral.

Por ser ainda um fenômeno novo e ainda em evolução, caracterizar o pós-positivismo revela-se de sobremodo complexo. As correntes mais notórias do pós-positivismo são, segundo Streck (2017), a matriz discurso-procedimental de Habermas, a matriz estruturante, desenvolvida por Friedrich Muller, e a matriz interpretativa, desenvolvida por Ronald Dworkin.

Ao haver essa reaproximação entre Direito e Moral, houve a necessidade de se admitir critérios materiais de validade da norma jurídica. Quer dizer que a validade de uma norma está submetida ao respeito a normas de caráter constitucional e de dimensão valorativa, cujo escopo seria a concretização dos direitos fundamentais e do Estado Democrático de Direito.

---

a faculdade de ultrapassar o âmbito dos sentidos, da natureza. A ultrapassagem dos sentidos pelo conhecimento é o uso teórico, na ação é o uso prático da razão. Com a separação entre o uso teórico e prático da razão, Kant reconhece a distinção de Hume entre proposições descritivas e proposições prescritivas. A razão prática, como ela abreviadamente se chama, significa a capacidade de escolher sua ação independentemente de fundamentos determinantes sensíveis, os impulsos, as carências e paixões, as sensações do agradável e desagradável" (Höffe, 2005, p. 187-188).

Além disso, a norma jurídica deixa de ser apenas um modelo de regras para ser um modelo de regras e princípios. Os princípios seriam dotados de normatividade e seriam, em síntese, carregadoras de um dever-ser alargado, diferenciando-se das regras em um grau eminentemente semântico (Streck, 2011).

A relação entre as normas jurídicas deixaria de se pautar apenas de forma lógica, com base no raciocínio lógico-dedutivo, e requereria o reconhecimento de relações de justificação, a fim de garantir uma coerência valorativa, sendo necessária a ponderação/balanceamento, tendo em vista a dimensão substancial/valorativa dos princípios (Streck, 2017).

A interpretação no pós-positivismo ganhou amplitude e importância muito maiores, uma vez que a determinação do significado da norma jurídica deixou de contar apenas com a interpretação literal/mecanicista do texto legal ou da vontade do legislador e ganhou uma dimensão prática maior e diferentes métodos de interpretação, como o da interpretação histórica, teleológica, sistemática, evolutiva, dentre outras mais.

Em relação à discricionariedade das decisões judiciais, tem-se que no positivismo determinadas normas, tais como os princípios gerais do direito, teriam textura aberta, dando liberdade ao juiz a decidir da maneira que achasse correta, não podendo ela ser enquadrada como anti-jurídica, mesmo que injusta ou violadora de princípios morais. No positivismo normativista kelseniano, admitia-se a discricionariedade decisória se houvesse mais de um sentido interpretativo para a norma jurídica, situação essa que conferiria possibilidade ao juiz de escolher um daqueles sentidos quando da aplicação da norma ao caso individual.

No pós-positivismo, as diferentes correntes lidam com o problema da discricionariedade de forma distinta. Dworkin pugna pela busca da resposta correta e pela distinção entre casos fáceis e casos difíceis, já Alexy fala em ponderação no caso de conflito entre princípios. Em geral, pode-se notar um controle de constitucionalidade com dimensão material, de forma que nenhuma norma jurídica ou interpretação pode violar os direitos fundamentais e as preceitos essenciais do Estado, estando os métodos de interpretação à disposição do juiz na busca do sentido da norma jurídica.

Streck (2017), dentro da perspectiva teórica da sua Crítica Hermenêutica do Direito, destaca os seguintes pontos do pós-positivismo:

> *Não obstante, dos diversos pontos destacados sobre o pós-positivismo, com a CHD subscrevo os seguintes, com algumas ressalvas: o reconhecimento do Direito enquanto uma prática; a ênfase no acontecer do Direito, por isso o destaque em sua indeterminação; uma reaproximação do Direito com seu entorno, como a moral e a política, isto é, ainda que em níveis diferentes, o fenômeno jurídico deixa de ser entendido em sua autonomia absoluta; a tentativa de fazer uma teoria não-descritivista; a tentativa de uma teoria para além das dicotomias descrição/prescrição, fato/valor, ser/dever-ser; uma busca por uma aplicação não discricionária que reforce o papel da fundamentação/justificação; maior fluidez na construção do Direito, isto é, o legislador não encerra o Direito, tampouco o judiciário o cria exnihilo; um reconhecimento da normatividade dos princípios jurídicos, entendidos com padrões vinculantes e substanciais que exigem do intérprete um exercício distinto na aplicação do Direito; uma igual ou maior consideração da legitimidade em relação a validade, ou seja, para além de critérios neutros de validação, o Direito legislado ou aplicado deve manifestar-se democraticamente legítimo.*

Por fim, cumpre destacar que o pós-positivismo ainda se encontra em evolução/construção, podendo-se observar hoje que algumas áreas do Direito alcançaram um nível de especialização científica avançada a ponto de desenvolver uma metodologia jurídica sofisticada, de acordo com as suas particularidades. Contudo, no pós-positivismo, a primazia é do Direito Constitucional, pois ele dá os contornos do Estado Democrático de Direito.

A CONTRIBUIÇÃO DA VIRADA KANTIANA PARA A CONSOLIDAÇÃO DOS DIREITOS HUMANOS

A Segunda Guerra Mundial serviu para demonstrar as insuficiências do positivismo jurídico na preservação dos direitos humanos, vez que a noção de validade estritamente formal dava azo a autoritarismos/totalitarismos chancelados pelo ordenamento jurídico, razão pela qual as correntes que buscaram superar o positivismo tiveram a finalidade de (re)introduzir a moral no Direito. Para isso, recorreram à formulação de moralidade em Kant, conceito desenvolvido principalmente nas obras "Crítica da Razão Prática", "Fundamentação da Metafísica dos Costumes" e "A Metafísica dos Costumes".

Para melhor compreender de que forma ocorreu esse fenômeno e como isso impactou o desenvolvimento dos direitos humanos, é preciso que se tenha em mente a noção de razão prática. Referente ao âmbito da ação humana, ela trata da possibilidade de uma vontade pura, livre da empiria, que se manifesta sob a forma de leis práticas a priori e tem o aspecto de universalidade[10].

---

10   "Com efeito, a razão pura, em si mesmo prática, aqui resulta imediatamente legisladora. A vontade é concebida como independente de condições empíricas e, por conseguinte, como vontade pura, determinada mediante a simples forma da lei, sendo esse motivo de determinação considerado como a suprema condição de todas as máximas. O caso é bastante singular, não tendo equivalente no restante do conhecimento prático. O pensamento a priori de uma legislação possível resulta tal qual é, simplesmente problemático, apresentando-se diante de nós como lei incondicional, sem tomar nada de empréstimo à experiência ou a uma vontade exterior qualquer" (Kant, 2004, p. 65-66).

Essas leis práticas serão morais quando representarem "objetivamente como necessária uma ação que deve ocorrer, ou seja, que faz da ação um dever" (Kant, 2004). Este dever é interior, circunspecto ao aspecto da determinação, da máxima da vontade, e pode ser definido como algo objetivamente necessário, válido para todo aquele que possua razão e vontade (Kant, 2004). A ação cumprida pelo dever[11] será deferente a uma lei moral, universal e livre e expressará uma vontade pura, a priori.

Observa-se, deste modo, que a ideia de moralidade em Kant está ligada fundamentalmente à universalidade, da ação que pode ser reproduzida por todos, e na liberdade de qualquer condicionamento empírico que possa determinar a ação. Para fins de determinar se uma ação é moral ou não, Kant formula os conceitos de imperativo categórico e hipotético.

O imperativo configura-se como um mandamento, um dever-ser, uma exortação a agir de determinada maneira (Höffe, 2005). O imperativo hipotético é a ação como meio para alguma outra coisa, ou seja, aquela ação que visa a um fim material derivado da experiência. O imperativo categórico, por sua vez, é a ação boa em si, que representa o cumprimento de um dever pelo dever, é a ação moral, universalizável e livre de qualquer condicionamento proveniente da experiência.

Kant (2013, p. 28) assim define o imperativo categórico:

> *O imperativo categórico (incondicional) é aquele que pensa uma ação como objetivamente necessária e a torna necessária, não indiretamente através da representação de um fim que posa ser alcançado pela ação, mas sim através da mera representação dessa ação mesma (de sua forma),*

---

11   "Ordenar, porém, a moralidade sob o nome de dever, é inteiramente razoável, porque aos seus preceitos não querem, antes de mais nada, obedecer de bom grado aqueles que vêem na mesma um contraste às suas inclinações" (Kant, 2004, p. 78).

portanto diretamente. Nenhuma outra doutrina prática, além
da que prescreve obrigação (a doutrina dos costumes), pode
apresentar como exemplos semelhantes imperativos. Todos os
outros imperativos são técnicos e, em conjunto, condicionados.
O fundamento da possibilidade dos imperativos categóricos,
todavia, reside em que eles não se referem a nenhuma outra
determinação do arbítrio (através da qual se possa atribuir-
lhe um propósito), mas unicamente à sua liberdade.

É essa concepção de moralidade que vai inspirar a formulação da concepção contemporânea de direitos humanos de validade universal após a Segunda Guerra Mundial, mais especificamente com a Declaração Universal dos Direitos Humanos de 1948, que, em seu Artigo 2º, prescreve:

> *Todos os seres humanos podem invocar os direitos e as*
> *liberdades proclamados na presente Declaração, sem distinção*
> *alguma, nomeadamente de raça, de cor, de sexo, de língua,*
> *de religião, de opinião política ou outra, de origem nacional*
> *ou social, de fortuna, de nascimento ou de qualquer outra*
> *situação. Além disso, não será feita nenhuma distinção*
> *fundada no estatuto político, jurídico ou internacional do*
> *país ou do território da naturalidade da pessoa, seja esse país*
> *ou território independente, sob tutela, autônomo ou sujeito a*
> *alguma limitação de soberania.*

Em cima da noção de dignidade humana kantiana é que se fundamenta esse atributo de universalidade aos direitos humanos, pois, na medida em que o homem é um fim em si mesmo e não apenas um meio para outros fins, todo ser humano é digno de uma gama de direitos que lhe propiciem uma existência compatível com a sua dignidade, cujo caráter é intrinsecamente moral.

Sobre a dignidade da pessoa humana, Kant (2013) assim afirma:

> Somente o homem considerado como pessoa, isto é,
> como sujeito de uma razão prático-moral eleva-se acima de
> qualquer preço; pois como tal (homo noumenon) tem de ser
> avaliado não meramente como meio para outros fins, mas
> como fim em si mesmo, isto é, ele possui uma dignidade (um
> valor interno absoluto), pela qual ele constrange todos os
> outros seres racionais do mundo a ter respeito por ele e pode
> medir-se com qualquer outro dessa espécie e avaliado em pé
> de igualdade.

Fica evidente que essa concepção de dignidade humana erigida à condição de um direito universal, inerente à própria condição humana, traz diversas implicações[12]. A dignidade da pessoa humana enquanto direito tem sido objeto de (re)formulações, acompanhando a pari passu a evolução dos direitos humanos, pois está em sua gênese.

---

12 "A humanidade em sua pessoa é o objeto do respeito, que ele pode exigir de todos os outros seres humanos; do qual, porém, ele também não deve privar-se. Ele pode e deve se avaliar, portanto, segundo um padrão de medido tanto pequeno como grande, conforme se considere como ser sensível (segundo sua natureza animal) ou como ser inteligível (segundo sua disposição moral). Visto que ele tem de se considerar não meramente como pessoa em geral, mas também como ser humano, isto é, como uma pessoa, que tem para consigo deveres impostos pela sua própria razão, a sua insignificância enquanto ser humano animal não pode prejudicar a consciência de sua dignidade enquanto ser humano racional, e, em consideração a este último, ele não deve negar a autoestima moral; isto é, ele não deve tentar obter de maneira servil ou subserviente (animo servili um fim que é em si mesmo dever, como se tentasse obter um favor; não deve negar sua dignidade, mas conservar sempre a consciência da sublimidade de sua disposição moral (que já está contida no conceito de virtude); e esta autoestima é um dever do ser humano para consigo mesmo" (Kant, 2013, p. 209).

Atualmente, muito se discute se os direitos humanos deveriam ainda ser encarados sobre o aspecto do universalismo ou do relativismo, por conta da questão do multiculturalismo que se encontra em voga. Para os relativistas, a noção de direito está estritamente vinculada ao sistema político, econômico, cultural, social e moral vigente em determinada sociedade. O pluralismo cultural decorrente disso, impede a formação de uma moral universal, sendo incabível que direitos humanos universais internacionais predominem sobre um Estado culturalmente distinto, a derrocar em imperialismo e na imposição de uma cultura sobre a outra (Piovesan, 2013).

Certamente, os diferentes tipos de culturas ao redor do mundo devem influenciar o modo como se enxerga e se positivam os direitos humanos. Contudo, não há cabimento que, a pretexto de alguma particularidade cultural, vulnerem-se direitos humanos consagrados ao longo de gerações e que foram conquistados por meio de muita luta. Portanto, parece razoável sustentar a universalidade dos direitos humanos, bem como a sua capacidade de promover a dignidade da pessoa humana, independente das particularidade das muitas culturas ao redor do mundo. Piovesan (2013) caminha nesse sentido:

> Note-se que os instrumentos internacionais de direitos humanos são claramente universalistas, uma vez que buscam assegurar a proteção universal dos direitos e liberdades fundamentais. Daí a adoção de expressões como "todas as pessoas" (ex: "todas as pessoas têm direito à vida e à liberdade" – art. 2º da Declaração), "ninguém" (ex: "ninguém poderá ser submetido a tortura" – art. 5º da Declaração), dentre outras. Em face disso, ainda que a prerrogativa de exercer a própria cultura seja um direito fundamental (inclusive previsto na Declaração Universal), nenhuma concessão é feita às "particularidades culturais" quando houver risco de violação de direitos humanos fundamentais. Isto é, para os universalistas o fundamento dos direitos humanos é a dignidade humana, como valor intrínseco à própria condição

humana. Nesse sentido, qualquer afronta ao chamado "mínimo ético irredutível" que comprometa a dignidade humana, ainda que em nome da cultura, importará em violação a direitos humanos.

Fala-se, outrossim, em gradação ao universalismo dos direitos humanos, concebendo-se as noções de universalismo radical, forte ou fraco (Piovesan, 2013) e também na noção de universalidade relativa, onde se promoveria, a grosso modo, uma conciliação entre as ideais universalistas e relativistas de direitos humanos, em prol de uma abordagem dialógica por conta da crescente sofisticação das relações humanas (França, 2016).

A virada kantiana no Direito teve como subprodutos a universalização dos direitos humanos, e também o reforço do movimento constitucionalista nos Estados, vindo de encontro com a superação do positivismo jurídico pelas concepções pós-positivistas, mediante a reaproximação entre a moral e o direito, o que gerou inúmeros reflexos na teoria do Direito, seja na questão de interpretação, seja na reformulação da estrutura das normas jurídicas.

Forjou-se uma concepção material de Constituição, que conformou os ordenamentos jurídicos estatais a respeitarem as normas de direitos fundamentais inscritas nas Constituições. Com isso, a pretensão de força normativa da Constituição ganhou força, deixando ela de ser uma carta de boas intenções (constituição simbólica) ou que refletisse nada mais que a soma dos fatores reais de poder (constituição real)[13].

Deste modo, tem-se que as Constituições dos Estados foram o principal loco de realização da virada kantiana no Direito surgida no pós-Segunda

---

13   "A concretização plena da força normativa constitui meta a ser almejada pela Ciência do Direito Constitucional. Ela cumpre seu mister de forma adequada não quando procura demonstrar que as questões constitucionais são questões de poder, mas quando envida esforços para evitar que elas se convertam em questões de poder (Machtfragen)" (Hesse, 1991, p. 27).

Guerra Mundial, tendo a Constituição sido elevada de patamar, na medida em que os direitos humanos foram sendo mais e mais positivados e com a possibilidade de conformar a atuação dos agentes públicos e dos legisladores. Cabe ressaltar aqui que os direitos humanos positivados nas ordens jurídicas nacionais normalmente assumem a nomenclatura de direitos fundamentais.

Disto se resultou que os Estados cujos quais abraçaram a virada kantiana ganharam uma feição mais democrática e pluralista, eminentemente substancialista, dando efetividade ao Estado Democrático de Direito. Streck (2011) assim coloca:

> A toda evidência, tais questões devem ser refletidas a partir da questão que está umbilicalmente ligada ao Estado Democrático de Direito, isto é, a concretização de direitos, o que implica superar a ficcionalização provocada pelas diversas formas de positivismo no decorrer da história, que afastaram da discussão jurídica as questões concretas da sociedade. Implica também afirmar que o significado da Constituição e do constitucionalismo depende da avaliação das condições de possibilidade para a compreensão desse(s) fenômeno(s). A (pretensa) plenipotenciariedade da regra – como fonte e pressuposto do sistema – cede lugar aos textos constitucionais, que darão guarida às promessas da modernidade contidas no modelo de Estado Democrático (e Social) de Direito. Implica, assim, introduzir o ideal de vida boa, abrindo espaço para a institucionalização da moral no direito produzido democraticamente, a partir daquilo que denominou de "positivação dos princípios".

Isso implica que o Direito, rompendo com o exegetismo e normativismo positivistas, torna-se um elemento transformador da sociedade, cujo telos é a concretização, e não apenas a garantia, dos direitos fundamentais. Neste ponto, destaca-se o papel da jurisdição constitucional e sua função anti-majoritária, no resguardo da força normativa da Constituição[14].

A Constituição, assim, assume uma feição dirigente e compromissória, apontando as linhas de atuação para a política, de forma a propiciar as condições da mudança da sociedade pelo direito (Streck, 2011). Nisto reside a efetividade da Constituição no pós-positivismo introduzido pela virada kantiana. O formalismo cede espaço ao materialismo, a pôr em evidência a supremacia constitucional sob uma perspectiva substancial.

Neves (2018) assim descreve a posição constituinte das Constituições enquanto instrumento de vinculação jurídica do poder:

> *Por sua vez, as Constituições em sentido moderno são "normativas", não simplesmente porque se compõem de normas jurídicas, mas, especificamente, por apontarem para a diferenciação funcional entre direito e política, implicando a vinculação jurídica do poder, o que possibilita o seu limite e controle pelo direito. Nesse sentido, as Constituições, em sentido moderno, são "constituintes" de poder no âmbito de validade ou na dimensão temporal, na medida em que instituem uma nova estrutura política, renovando-lhe a fundamentação normativa, positivada juridicamente.*

---

14 "Parece não restar dúvidas de que as teorias materiais da Constituição reforçam a Constituição como norma (força normativa), ao evidenciarem o seu conteúdo compromissório a partir da concepção dos direitos fundamentais-sociais a serem concretizados, o que, a toda evidência – e não há como escapar dessa discussão – traz à baila a questão da legitimidade do Poder Judiciário (ou da justiça constitucional) para, no limite, isto é, na inércia injustificável dos demais poderes, implementar essa função" (Streck, 2011, p. 82).

Todo esse emaranhamento, ao fim e ao cabo, favorece o desenvolvimento e fortalecimento dos direitos humanos, como se denota pela acepção de gerações e dimensões de direitos humanos/fundamentais. Antes restrito à defesa do indivíduo contra o absolutismo, passou-se à noção de direitos sociais de caráter universal e direitos de titularidade difusa quanto a questões que refletem toda a sociedade concomitantemente, atendendo à dinâmica da história.

O TRANSCONSTITUCIONALISMO E A SUA CONEXÃO COM A VIRADA KANTIANA RELATIVAMENTE AOS DIREITOS HUMANOS

O transconstitucionalismo, fenômeno de formulação teórica de Marcelo Neves, não se confunde com o constitucionalismo global[15] e diz respeito, basicamente, ao entrelaçamento de ordens constitucionais em razão do enfrentamento de problemas constitucionais que vão além das fronteiras dos respectivos Estados, a demandar uma articulação que envolverá uma perspectiva de "diálogo" ou "conversação constitucional" cujo fim consistirá em encontrar uma resposta adequada a esses problemas que não poderiam ser obtidas se estes problemas fossem encarados de forma fragmentária.

Sobre estas particularidades do transconstitucionalismo, Neves (2009) assim discorre:

---

15   "El constitucionalismo global es uma agenda política y académica que identifica y defende la aplicación de los principios constitucionalistas en la esfera jurídica internacional para mejorar la efectividad y la justicia del ordem jurídico internacional. La constitucionalización global se refiere al processo continuo, pero no lineal, de surgimiento y creación deliberada de elementos constitucionalesen el orden jurídico internacional por actores jurídicos y políticos, apoyada por um discurso académico donde estos elementos se identifican y desarrollan" (Peters, 2018, p. 04).

Mas peculiar ao transconstitucionalismo não é a existência desses entrelaçamentos entre ordens jurídicas, o chamado "transnacionalismo jurídico". No caso do transconstitucionalismo, as ordens se inter-relacionam no plano reflexivo de suas estruturas normativas que são autovinculantes e dispõem de primazia. Trata-se de uma "conversação constitucional", que é incompatível com um "constitucional dikat" de uma ordem em relação a outra. Ou seja, não cabe falar de uma estrutura hierárquica entre ordens: a incorporação recíproca de conteúdos implica uma releitura de sentido à luz da ordem receptora. Há reconstrução de sentido, que envolve uma certa desconstrução de outro e uma autodesconstrução: tanto conteúdos de sentido do "outro" são desarticulados (falsificados!) e rearticulados internamente, quanto conteúdos de sentido originários da própria ordem são desarticulados (falsificados!) e rearticulados em face da introdução do "outro".

Diferentemente do constitucionalismo, o transconstitucionalismo não se vale tanto do estatalismo e das concepções de monismo/pluralismo das ordens jurídicas. As relações entre as ordens jurídicas ocorrem em uma relação de complementariedade entre identidade e alteridade, ou seja, a identidade de uma ordem jurídica é rearticulada a partir de relações de alteridade com outras ordens jurídicas. Não há recurso, igualmente, ao internacionalismo, a partir da noção de uma constituição supranacional (Neves, 2009). Ele trata da imbricada relação entre ordens jurídicas que se tornam, ante a complexidade sempre crescente da sociedade mundial, interdependentes, onde cada uma se articula com as outras definindo e tendo definidas as suas identidades, sem a sobreposição de uma sobre as outras.

Ancorando-se no trabalho sociológico de Niklas Luhmann, Neves traz à baila o conceito de sociedade mundial, que consiste, basicamente, na ideia da sociedade como um sistema social omniabarcador[16] de todos os Estados, povos e organizações políticas territoriais. A sociedade mundial abarca todos os sistemas sociais dos Estados Nacionais, formando uma identidade de si como a sociedade mundial, não podendo ser caracterizada, portanto, como ordem internacional ou globalização, porque estes fenômenos são antes dimensões e efeitos da sociedade mundial (Neves, 2009).

O conceito de sociedade mundial concebido por Luhmann implica na consideração de que sobre todo o globo terrestre só pode existir uma única sociedade. Ainda assim, a expressão sociedade mundial deve indicar que cada sociedade, inclusive aquelas formadas pela tradição, constrói um mundo, o seu próprio sistema, cujo conjunto formará o sistema omniabarcador. Composta de infinitas e universais conexões, esse sistema, nos tempos modernos, se apresentará como heterárquico e multicêntrico. Essa composição abarca também sistemas funcionais, como, por exemplo, a economia, a ciência, a política, a educação, a saúde e o direito, em que cada um propõe suas exigências conforme os seus limites, que podem ser variáveis conforme o espaço ou grupo de seres humanos (Luhmann, 2006).

Os sistemas funcionais que detêm o primado no plano estrutural (economia, técnica e ciência) e semântico (meios de comunicação de massa), baseados em expectativas cognitivas, adquiriram uma força crescente contemporaneamente, tornando imprescindível a emergência de uma nova ordem mundial, caracterizada pela confluência de redes de cooperação e administração de conflitos, composta por diversos agentes estatais e não estatais, cuja finalidade é o tratamento de problemas que vão além das fronteiras dos Estados no que concerne a processos de tomadas de decisões coletivamente vinculantes e estabilização de expectativas normativas e regulação jurídica de comportamentos (Neves, 2009).

---

16   "De acuerdo con la teoría de la sociedad es la teoría de aquel sistema social omniabarcador que incluye em sí a todos los demás sistemas sociales" (Luhmann, 2006, p. 55).

Disto exsurge a noção de acoplamento estrutural. Neves (2009) assim o descreve:

> A esse respeito, Niklas Luhmann, com base na teoria biológica de Humberto Maturana e Francisco Varela, desenvolveu o conceito sociológico de acoplamento estrutural. Esse acoplamento serviria à promoção e filtragem de influências e instigações recíprocas entre sistemas autônomos diversos, de maneira duradoura, estável e concentrada, vinculando-os no plano de suas respectivas estruturas, sem que nenhum desses sistemas perca a sua autonomia. Os acoplamentos estruturais são filtros que excluem certas influências e facilitam outras. Há uma relação simultânea de independência e de dependência entre os sistemas acoplados estruturalmente. As estruturas de um sistema passam a ser, mediante os acoplamentos estruturais, relevantes e mesmo indispensáveis à reprodução das estruturas de um outro sistema e vice-versa.

Os acoplamentos estruturais são, portanto, os mecanismos de interpenetrações concentradas e duradouras entre sistemas sociais, que visam a possibilitar vínculos construtivos de aprendizado e influência recíproca (Neves, 2009). Como os sistemas funcionam operativamente clausurados, sem que no plano das operações próprias de um sistema haja algum contato com o entorno, a consequência é a determinação total e por si mesma do sistema. Um sistema autopoiético pode se comunicar em si mesmo, sobre si mesmo e seu entorno, mas nunca consigo mesmo nem com o seu entorno. Dentro desta estrutura, o acoplamento estrutural permite que o entorno influencie o sistema, possibilitando o intercâmbio construtivo de experiências através de um processo comunicativo constituído linguisticamente tendo por destinatário a consciência do sistema (Luhmann, 2006).

Relacionado à dinâmica dos acoplamentos estruturais entre sistemas autopoiéticos, há o conceito de razão transversal, desenvolvido por Welsch e reconstruído por Neves à luz dos pressupostos do transconstitucionalismo. Welsch considera a sociedade multicêntrica sob o ponto de vista da heterogeneidade dos "jogos de linguagem", conceito desenvolvido por Wittgenstein. Isso significa que há uma heterogeneidade de esferas discursivas e dos respectivos sistemas de comunicação, sem a preponderância de um discurso supraordenado, imposto aos outros como regulador. Em que pese, Welsch não aceita a inexistência de uma metanarrativa que sirva de referência orientadora dos discursos particulares e, a partir disso, define a razão transversal como uma razão que não é outorgada aos jogos de linguagem particulares, mas, ao contrário, está envolvido com entrelaçamento que lhe servem como "pontes de transição" entre heterogêneos. Portanto, essa metanarrativa seria altamente formal, não vinculadas a conteúdos como as narrativas particulares, cujo função estaria em promover e garantir a heterogeneidade dos jogos dos discursos particulares e os seus entrelaçamentos (Neves apud Welsch, 2009).

Desse modo, a ideia de uma metanarrativa torna-se sem sentido para os domínios diferenciados de comunicações no contexto de uma sociedade mundial multicêntrica, devendo a ideia de uma razão abrangente ceder espaço à ideia de racionalidades transversais parciais, tendo em vista que, conforme pondera Neves (2009):

> *Todo âmbito de comunicações, ao pôr-se em comunicação com o outro, pode desenvolver os seus próprios mecanismos estáveis de aprendizado e influência mútuos. Então cabe falar de racionalidades transversais parciais, que podem servir à relação construtiva entre as racionalidades particulares dos sistemas ou jogos de linguagem que se encontram em confronto. Cada racionalidade transversal parcial está vinculada estruturalmente às correspondentes racionalidades particulares, para atuar como uma "ponte de transição" específica entre elas.*

Neste ponto, a Constituição transversal surge como uma conexão transversal reflexiva estrutural entre a Constituição jurídica como processo ou estrutura de normatização de processos de normatização e a Constituição política como processo e estrutura decisórios sobre processos de tomada de decisão coletivamente vinculante, intensificando o aprendizado entre esses sistemas. As Constituições estatais do Estado moderno podem ser qualificadas como constituições transversais na medida em que promovem a racionalidade transversal específica entre a racionalidade particulares do direito e da política, embora, como alerta Neves, ela se desenvolveu em regiões muito limitadas do mundo, em geral, nas sociedades mais democráticas e afluentes (Neves, 2009).

A ascensão do transconstitucionalismo ocorre diante dos problemas constitucionais da sociedade mundial, como cita-se, por exemplo, o comércio internacional, o direito ambiental, os direitos humanos, dentre outros. As Constituições estatais incorporam-se à rede de entrelaçamento de ordens jurídicas estatais, supranacionais, internacionais e locais (Neves, 2009), onde diversas racionalidades transversais particulares independentes uma das outras interpenetram-se entre si, procedendo à alteração de suas identidades a partir da alteridade, da observação do outro[17].

---

17   "Contra essas tendências, o transconstitucionalismo implica o reconhecimento de que as diversas ordens jurídicas entrelaçadas na solução de um problema-caso constitucional – a saber, de direitos fundamentais ou humanos e de organização legítima do poder –, que lhes seja concomitantemente relevante, devem buscar formas transversais de articulação para a solução do problema, cada uma delas observando a outra, para compreender os seus próprios limites e possibilidades de contribuir para solucioná-lo. Sua identidade é reconstruída, dessa maneira, enquanto leva a sério a alteridade, a observação do outro. Isso parece-me frutífero e enriquecedor da própria identidade porque todo observador tem um limite de visão no "ponto cego", aquele que o observador não pode ver em virtude da sua posição ou perspectiva de observação. Mas, se é verdade, considerando a diversidade de perspectivas de observação de altere ego, que "eu vejo o que tu não vês", cabe acrescentar que o "ponto cego" de um observador pode ser visto pelo outro. Nesse sentido, pode-se afirmar que o transconstitucionalismo implica o reconhecimento dos limites da observação de uma

Para que haja o entrelaçamento entre racionalidades transversais particulares de ordens jurídicas distintas, é preciso a existência de constituições transversais no âmbito dos Estados que primem pela democracia política e igualdade jurídica. Isso é necessário porque, de outra forma, os entrelaçamentos não cumprirão o seu devido papel de "pontes de transição", mas, sim, ocorrerá o autismo e a expansão de um âmbito de racionalidade sem reconhecimento do outro, com a negação da alteridade mediante a perda da capacidade de aprendizado de uma esfera em relação a outra ou a atuação negativa para o seu desenvolvimento (Neves, 2009).

Portanto, o fenômeno do transconstitucionalismo depende deste aparato de direitos humanos que traga resposta aos problemas globais da atual sociedade mundial. Como já frisado anteriormente, os direitos humanos têm uma forte dimensão histórica, não se amparando na metafísica ou em uma noção de direitos inatos, como na época do jusnaturalismo, mas na noção kantiana da dignidade da pessoa humana, onde cada pessoa é um fim em si mesma, tendo seu valor baseado unicamente na sua condição de pessoa humana.

Os direitos humanos assumem cada vez mais uma feição transnacional, demandando um exercício de racionalidade transversal entre várias ordens jurídicas para a observação e solução de casos assim dispostos. Os Estados Nacionais continuam a ser o espaço primordial de implementação dos direitos humanos, sendo que o transconstitucionalismo antes reforça a força normativa da constituição. O que se deve ter em vista, entretanto, é que, diante da perspectiva transconstitucionalista, a Constituição de um Estado não deve ser encarada como um sistema que não recebe influxos de ordens jurídicas estrangeiras ou internacionais, sob o risco de não se conseguir encontrar respostas aos problemas de uma sociedade mundial em crescente complexidade.

---

determinada ordem, que admite a alternativa: o ponto cego, o outro pode ver" (Neves apud Foerster e Luhmann, 2009, p. 297-298)

Em comum ao constitucionalismo democrático, no entanto, o transconstitucionalismo pressupõe a vigência da virada kantiana, no que tange à universalidade dos direitos humanos e a reaproximação entre moral e direito relativa ao pós-positivismo.

Não poderia haver a emergência do transconstitucionalismo senão pela concepção pós-positivista do Direito, tendo em vista a sua dimensão valorativa da norma jurídica e dos critérios de validade material, que permitem que se deem aos direitos humanos a sua posição de primazia no ordenamento jurídico, além de possibilitar a recepção, pela via interpretativa, de sua constante mutação histórica, a efetivar o Estado Democrático de Direito e os entrelaçamentos com ordens jurídicas distintas.

A visão universalista dos direitos humanos fundada na noção de dignidade da pessoa humana também é pressuposto para o transconstitucionalismo, a considerar que os direitos humanos podem assim ser implementados em sua integralidade em ordens jurídicas distintas, e estas ordens poderão entrelaçar-se entre si, influindo e recebendo influências recíprocas a respeito das racionalidades transversais particulares relativa a direitos humanos que possuam. A experiência gerada a partir disso é de fundamental importância para atingir-se a concretização destes direitos em uma sociedade mundial multicêntrica e interdependente.

CONSIDERAÇÕES FINAIS

O pós-positivismo, ao promover a aproximação entre direito e moral, possibilitou a superação do positivismo jurídico mediante a consolidação de critérios materiais de validade para a norma jurídica, a modificação das estruturas das normas jurídicas, tendo os princípios e regras como espécies normativas, a crescente positivação dos direitos humanos nas Constituições, bem como no caráter compromissório e dirigente das Constituições, que deixaram de ocupar uma função simbólica ou caudatária dos fatores reais de poder para apontar as linhas da atuação política e promover a concretização de direitos, em benefício do fortalecimento da efetividade do Estado Democrático de Direito e da força normativa da Constituição.

A moralidade kantiana, de caráter universal e calcada no imperativo categórico, ou seja, na realização de uma ação tão-somente pelo dever, sem nenhuma motivação empírica, juntamente com o conceito de dignidade humana, onde o homem é um fim em si mesmo e nunca um meio para outras finalidades, assentaram as bases para a formulação dos direitos humanos após a Segunda Guerra Mundial. Essa pretensão de universalidade dos direitos humanos conjugada com o pós-positivismo alçaram os direitos humanos à condição de primazia no ordenamento jurídico, em que o Estado Democrático de Direito teria como primeira e principal função concretizá-los.

A contribuição da virada kantiana reside justamente nestes dois aspectos que modificaram profundamente a forma de conceber o Direito. O contributo de Kant neste quesito ocorre em virtude da sua formulação teórica em "Crítica da Razão Prática", "Fundamentação da Metafísica dos Costumes" e "A Metafísica dos Costumes", onde, após a tragédia da Segunda Guerra Mundial, impeliu a busca de visões que buscassem reinserir a moral no Direito, pois, se se quisesse que o ordenamento jurídico fosse um meio de promoção da paz, ele teria que ocupar um espaço ativo de concretização dos direitos mais fundamentais da humanidade.

O transconstitucionalismo surge como uma especificidade da sociedade mundial, cada vez mais complexa, multicêntrica e interdependente e que passou a exigir, para a concretização dos direitos humanos, formas de solução de problemas constitucionais que fossem além da visão de que o ordenamento jurídico de um Estado não pode receber afluências, interpenetrações de outras ordens jurídicas, sejam elas internacionais, supranacionais ou estatais.

A rigor, tornou-se imperativo para a concretização dos direitos humanos que ordens jurídicas distintas passassem a dialogar entre si, a observarem-se umas às outras, de forma a suas identidades poderem ser alteradas pela alteridade. Esse processo ocorreria pelo processo de entrelaçamento das racionalidades transversais particulares de cada ordem jurídica.

Diante de tal desiderato, o transconstitucionalismo não pode ocorrer de forma efetiva entre ordens jurídicas que não tenham como primado o Estado Democrático de Direito, pois esse processo de racionalidade transversal pode ser desvirtuado pela negação da alteridade diante da perda da capacidade de aprendizado de uma esfera em relação a outra e na atuação negativa para o seu desenvolvimento.

Decorre disso que a virada kantiana constitui-se em um pressuposto teórico para que o transconstitucionalismo ocorra de forma hígida, atendendo aos propósitos legítimos da sociedade mundial e em respeito à primazia lograda pelos direitos humanos a partir do pós-guerra, pois, se não for assim, não estarão presentes as condições para as racionalidades transversais entrelaçarem-se adequadamente e criarem as pontes de transição entre as ordens jurídicas sem gerar um círculo vicioso que deslegitime todo o processo.

REFERÊNCIAS

BITTAR, Eduardo C.; ALMEIDA, Guilherme Assis de. Curso de Filosofia do Direito. 14ª Edição. São Paulo. Editora Atlas, 2019.

BOBBIO, Norberto. O Positivismo Jurídico: lições de filosofia do direito. 1ª Edição. São Paulo. Editora Ícone, 1995.

BOBBIO, Norberto; MATTEUCCI, Nicola; PASQUINO, Gianfranco. Dicionário de Política. 11ª Edição. Editora Universidade de Brasília, 1998.

CHAUÍ, Marilene. Convite à filosofia. 14ª Edição. São Paulo. Editora Ática, 2010.

FRANÇA, Jefferson Luiz de. Kant e a Concepção Contemporânea de Direitos Humanos: Conquistas e Desafios à Teoria Geral de Direitos Humanos. Revista Direitos Humanos e Democracia, Editora Unijuí, ano 4, n. 7, 2016, jan./jun., p. 4-23.

HESSE, Konrad. A Força Normativa da Constituição. 1ª Edição. Sergio Antonio Fabris Editor, 1991.

HÖFFE, Otfried. Immanuel Kant. 1ª Edição. São Paulo. Editora Martins Fontes, 2005.

IHERING, Rudolf Von. A luta pelo direito. 18ª Edição. Rio de Janeiro. Editora Forense, 2000.

KANT, Immanuel. Crítica da razão pura. 5ª Edição. Lisboa. Edição da Fundação Calouste Gulbenkian, 2001.

_____. Crítica da razão prática. 1ª Edição. São Paulo. Edições e Publicações Brasil Editora S.A., 2004.

_____. Fundamentação da Metafísica dos Costumes. 1ª Edição. Petrópolis. Editora Vozes, 2013.

_____. A Metafísica dos Costumes. 1ª Edição. Bauru. Editora Edipro, 2013.

KELSEN, Hans. Teoria pura do Direito. 6ª Edição. São Paulo. Editora Martins Fontes, 1999.

LARENZ, Karl. Metodologia da Ciência do Direito. 6ª Edição. Lisboa. Edição da Fundação Calouste Gulbenkian, 2001.

LUHMANN, Niklas. La sociedad de lasociedad. 1ª Edição. Cidade do México. Editora Herder, 2006.

NEVES, Marcelo. Transconstitucionalismo. 1ª Edição. São Paulo. Editora WMF Martins Fontes, 2009.

PEPINO, Elsa Maria Lopes Seco Ferreira; GAVIORNO, Gracimeri Soeiro de Castro; FILGUEIRAS, Sofia Varejão. A importância da jurisprudência dos conceitos para a metodologia jurídica. Revista Depoimentos, Volume 07, 2006, p. 137-148.

PETERS, Anne. Los méritos del constitucionalismo global. Revista Derechodel Estado, n. 40, Universidad Externado de Colombia, enero-junio de 2018, p. 3-20.

PIOVESAN, Flávia. Direitos Humanos e o Direito Constitucional Internacional. 14ª Edição. São Paulo. Editora Saraiva, 2013.

RODRIGUES-PEREIRA, Thiago. A necessária defesa do óbvio: a crítica hermenêutica do direito como superação do positivismo jurídico e do "decisionismo" judicial brasileiro. 1ª Edição. Rio de Janeiro. Editora Ágora 21, 2019.

STRECK, Lenio Luiz. Dicionário de Hermenêutica: quarenta temas fundamentais da teoria do direito à luz da crítica hermenêutica do direito. 1ª Edição. Belo Horizonte. Editora Letramento, 2017.

_____. Verdade e Consenso: constituição, hermenêutica e teorias discursivas. 4ª Edição. São Paulo. Editora Saraiva, 2012.

AGENDA 2030 E PRECAUÇÃO NO DIREITO AMBIENTAL INTERNACIONAL: ESTUDO DE CASO SOBRE A CHINA E A SUSTENTABILIDADE ENERGÉTICA GLOBAL.

Autora

Alana Danielle de Andrade Azevedo Costa

A Conferência das Nações Unidas sobre o Meio Ambiente Humano realizada no ano de 1972 fomentou a criação de uma "era ecológica" do Direito Internacional. Nela, houve a adoção da Declaração das Nações Unidas sobre o Meio Ambiente (conhecida por Declaração de Estocolmo), que propôs cento e nove recomendações referentes à avaliação do meio ambiente mundial, bem como houve a criação do Programa das Nações Unidas sobre o Meio Ambiente (Jota, 2006).

Nos anos subsequentes, o que se pode verificar foi que os problemas averiguados correspondiam a uma combinação imperfeita dos recursos naturais e humanos no processo econômico de produção. Em 1992, foi realizada a Conferência sobre Meio Ambiente e Desenvolvimento, que ficou conhecida como "Eco 92", que se propôs a discutir sobre o meio ambiente aliado ao desenvolvimento econômico, objetivando a erradicação da pobreza, a transformação de produção e consumo, concomitantemente a manutenção dos recursos naturais (Jota, 2006).

Assim, a Eco-92 inaugura um novo paradigma: enquanto em 1972 houve a consagração do direito do homem a um ambiente sadio, a Eco 92 discutiu medidas a serem aplicadas no combate à degradação do ambiente sem prejuízo ao crescimento econômico (Passeggi, 2009), consolidando o conceito de desenvolvimento sustentável. A Declaração de 1992 trouxe um ponto de relevância sobre a soberania dos Estados no tocante ao direito ambiental, constante do Princípio 23

> "Os Estados, em conformidade com a Carta das Nações Unidas e os princípios de direito internacional, têm o direito soberano de explorar seus recursos de acordo com suas próprias políticas ambientais e desenvolvimentistas, e a responsabilidade de assegurar que as atividades sob sua jurisdição ou controle não causem dano ao meio ambiente de outros Estados ou de áreas além dos limites da jurisdição nacional" (Jota, 2006).

No ano 2000, propõem-se os Objetivos de Desenvolvimento do Milênio (ODMs), a serem alcançados entre os anos 2000 a 2015. Eles tiveram um papel fundamental na estruturação de políticas públicas diversas, a exemplo da universalização da educação básica, redução da pobreza, combate a doenças, sustentabilidade ambiental e parceria global para o desenvolvimento (Denny, 2018).

Os Estados, as organizações internacionais e a ONU, através do Programa das Nações Unidas para o Meio Ambiente – PNUMA e Programa das Nações

Unidas para o Desenvolvimento – PNUD realizaram, nas últimas décadas, diversas conferências internacionais, demonstrando a preocupação com a defesa do meio ambiente. Conforme explicam Glasenapp & Cruz, "essas conferências internacionais representam até hoje o maior dos rituais de integração das elites políticas e acadêmicas transnacionais" (Glasenapp & Cruz, 2016)

Em continuidade ao processo de expansão do direito ambiental internacional, em 2015 foi criada em Nova Iorque, a Agenda 2030, com 17 objetivos para proteção do planeta. Desta forma, os Objetivos de Desenvolvimento Sustentável (ODSs) sucedem os ODMs, e demonstram uma maior abrangência: busca-se também o alcance da paz e prosperidade com a erradicação da pobreza (Sredoja e Socorro, 2018).

Os ODSs permitem que cada nação adote medidas para minimizar as diferenças sociais e impactos ambientais existentes que os distanciam dos países mais desenvolvidos. Todavia, com a elevação do meio ambiente ao status de patrimônio da humanidade, sendo objeto de interesse internacional, representa para alguns estados uma afronta à sua soberania em dispor de seus recursos naturais (Sredoja e Socorro, 2018). O direito internacional ambiental precisou se adaptar a esta nova realidade. Foi necessária uma busca por contrabalanceamento: preservação da soberania dos Estados e ao mesmo tempo, preocupação de proteção efetiva do meio ambiente e ajuda às vítimas de danos ecológicos.

Dentre os objetivos escolhidos pela ONU para a Agenda 2030, destacamos o ODS 7: Energia acessível e limpa (ONU, 2015). As diretrizes do ODS 7 apontam a importância da energia limpa e sustentável, com menores preços e maior eficiência, a ser distribuída para toda a população, como incremento tecnológico e social almejados pela sociedade. (Sredoja e Socorro, 2018).

Com base nessas considerações, pretende-se avaliar se o objetivo do desenvolvimento sustentável de n. 7 da Agenda 2030 da ONU é possível de ser alcançando, tomando a China como referencial de estudo, objetivando a consolidação de uma governança energética global.

GLOBALIZAÇÃO E SOBERANIA

A humanidade está em uma fase da História onde as fronteiras entre os Estados, originárias de sua soberania são cada vez mais relativizadas. O tradicional modelo Vestfaliano de soberania se mostra anacrônico como transição para globalização, pois hoje há uma grande necessidade de interação entre os países, em diversos aspectos, como social, econômico, político e ambiental (Nascimento, 2017).

Se considerarmos a existência de uma sociedade transnacional é evidente a necessidade de criação de regras para a regulação da vida em sociedade. Neste processo de governança, os Estados, os atores não estatais e as organizações internacionais têm papel de destaque (Glasenapp & Cruz, 2016).

O fenômeno da globalização, que rege a sociedade transnacional, envolve um conjunto de transformações políticas, econômicas, sociais, culturais. Em razão dos novos meios de comunicação e tecnologias, as informações são processadas cada vez mais rápido. Esse processo veloz de industrialização e internacionalização do capital ampliou a pobreza e a desigualdade social, além de ser causa de graves prejuízos ambientais (Coelho, 2016).

Com a Agenda 2030, os governos dos 193 países signatários se comprometeram a trabalhar com o setor privado e a sociedade civil objetivando enfrentar desigualdades, erradicar a pobreza e enfrentar as mudanças climáticas (Denny, 2018). Percebe-se uma tomada de consciência internacional, onde se vê uma celebração de diversos instrumentos internacionais nos quais os Estados signatários se comprometem a cumprir normas jurídicas sobre proteção do meio ambiente em seu território, sem comprometer o desenvolvimento econômico (Passeggi, 2009).

Contudo, a soberania dos Estados vem se mostrando como um entrave para a efetiva proteção ambiental. As normas existentes possuem previsões genéricas, diretrizes e princípios, sem que com isso sejam criadas obrigações específicas ou responsabilizações para Estados poluidores (Amaral, 2015).

O Direito Internacional então foi compelido a desconsiderar as fronteiras entre os Estados, multiplicar os espaços coletivos e se comprometer com os interesses comuns das gerações presentes e futuras. Desta forma, o direito internacional perde seu caráter individualista de considerar a soberania de cada Estado para se tornar um direito de solidariedade (Amaral, 2015). Entretanto, essa situação jurídica onde o Estado signatário não é obrigado a incorporar em seu ordenamento jurídico interno as regras e princípios dos instrumentos internacionais precisa ser mudada (Passeggi, 2009).

Segundo Denny (2018) o fato de não existir um poder soberano internacional supranacional, dificulta a definição de um método mais justo de distribuição dos ônus socioambientais entre os países, empresas e indivíduos. Ademais, as medidas que são adotadas passam pela dificuldade de viabilidade política de tais medidas em escala mundial.

Canotilho (2010) resume o postulado globalista esclarecendo que a pretensão ambiental deve se dar no nível de sistemas jurídico-políticos, internacionais e supranacionais, buscando a consecução de um standart ecológico ambiental mundial, com a estruturação de uma responsabilidade global, que envolva Estados, organizações e grupos.

Ocorre que, existem países desenvolvidos e em desenvolvimento, com muitas diferenças. Os custos de mitigação para reduzir a emissão de gases poluentes, por exemplo, são bastante diversos, considerando as divergências de capital humano, desenvolvimento tecnológico e qualidade de governança. Como explica Viola (2010): "no sistema internacional há uma dicotomia: de um lado, as realidades do poder econômico, político e militar diferenciado e assimétrico dos países; de outro, um direito internacional crescentemente orientado para a equidade de direitos dos países e da população mundial, no referente ao uso dos global commons, como a atmosfera" (Viola, 2010).

O direito ambiental atual é comprometido com a dimensão temporal futura, havendo direitos e obrigações para os membros desta geração (intrageracional) e também obrigações para com as gerações futuras (intergeracional). Desta maneira, como consequência do próprio princípio do desenvolvimento sustentável, surge a noção de equidade intergeracional, onde as futuras gerações devem herdar um patrimônio ambiental compatível com as suas necessidades (Carvalho, 2010).

A humanidade viu o nascimento da "sociedade de risco", onde o processo de modernização da sociedade industrial não é mais capaz de controlar a si mesmo (Armada, 2016). Consoante Ulrich Beck (2001), "a sociedade de risco designa uma época em que os aspectos negativos do progresso determinam cada vez mais a natureza das controvérsias que animam a sociedade". Nesse contexto, o direito ambiental precisa se adaptar e respeitar as diferenças e o multiculturalismo. Precisa ser um direito que "tenha uma dimensão emancipatória e que proteja a sociedade da devastação do ambiente" (Bello, 2010). Na sociedade de risco, "sustentabilidade e a noção de desenvolvimento sustentável são consideradas pelo direito ambiental como compromissos políticos, sociais e jurídicos, de concretização de um futuro possível" (Ayala, 2010).

Weiss (1993) explica que o direito dos países em controlar o uso e exploração de recursos naturais dentro do seu território sempre foi reafirmado nos instrumentos jurídicos internacionais. Os Estados passaram a reivindicar o direito de exploração de recursos fora de suas fronteiras, em áreas comuns, com base em uma "ética de primeiro a chegar" e assim o fizeram por anos. Porém, áreas antes consideradas *res nullius* agora são tratadas como bens comuns globais. E disso surge uma grande controvérsia quanto a responsabilidade pela prevenção de danos aos recursos globais e pelos danos efetivamente causados.

OBRIGAÇÃO DE PRECAUÇÃO

É importante aclarar que para cumprir suas obrigações convencionais, os Estados precisam dominar um mínimo de condições técnicas, sendo necessária a cooperação entre si para o desenvolvimento, devendo assim haver transferências de tecnologia e de conhecimentos científicos, dos países desenvolvidos, para que os em desenvolvimento consigam cumprir suas obrigações internacionais (Borges, 2017).

O direito ambiental internacional se baseia em alguns princípios, no que selecionamos dois princípios chave que guardam correlação com este estudo: O princípio de prevenção, originário da Declaração de Estocolmo, que tem como alicerce a adoção de medidas que evitem a ocorrência de um dano perante atividades potencialmente poluidoras, à exemplo da realização de um estudo de impacto ambiental quando da construção de uma hidrelétrica. Já o princípio da precaução, mais moderno, atua quando não há certeza científica, ele se antecipa ao risco. Um exemplo de sua adoção no Brasil foi a promulgação da Convenção-Quadro das Nações Unidas sobre a Mudança do Clima. Como consectário lógico destes dois princípios, não há necessidade da demonstração da existência de um dano para serem adotadas as medidas protetivas. A partir destas diretrizes, pode-se ter uma melhor compreensão da obrigação de prevenção (sentido lato) dos Estados no direito ambiental internacional.

Tomando por base o Princípio 21 da Declaração de Estocolmo[1] , não fica claro se a obrigação de prevenção dos Estados soberanos, deve ser tratada como uma obrigação de comportamento ou de resultado (Borges, 2017).

A doutrina atual entende que a obrigação de prevenção de danos ambientais é uma obrigação de *due diligence*. Esta obrigação de vigilância é uma obrigação de comportamento e não de resultado. Este posicionamento é originário no fato de que as medidas de prevenção exigidas das autoridades estatais são incertas quanto ao seu resultado. Por mais que os Estados busquem medidas de prevenção suficientes, elas não podem assegurar de modo absoluto que vão

---

1   "Princípio 21: Em conformidade com a Carta das Nações Unidas e com os princípios de direito internacional, os Estados têm o direito soberano de explorar seus próprios recursos em aplicação de sua própria política ambiental e a obrigação de assegurar-se de que as atividades que se levem a cabo, dentro de sua jurisdição, ou sob seu controle, não prejudiquem o meio ambiente de outros Estados ou de zonas situadas fora de toda jurisdição nacional".

impedir um prejuízo ecológico pois o resultado também depende de fatores diversos externos (Borges, 2017).

Para cumprir com sua obrigação de prevenção, o Estado deve adotar medidas de monitoramento e controle sobre atividades exercidas em seu território ou sob sua jurisdição. Quando ocorre uma violação de uma obrigação jurídica, a responsabilidade internacional é o instrumento necessário para que os Estados tenham seu equilíbrio restaurado. No entanto, a responsabilidade não se limita mais unicamente à obrigação de reparar (Borges, 2017).

Os atos de entidades privadas causadores de degradação ambiental não são diretamente imputáveis a um Estado, exceto se a entidade atuar como representante do Estado. Desta forma, a responsabilidade residual só acontecerá se estiver expressamente prevista por uma disposição convencional. Percebe-se que o aspecto essencial da obrigação internacional de diligência é o comportamento efetivamente adotado pelo Estado, independente do comportamento da pessoa causadora do dano. Conforme bem explica Borges (2017), o Estado poderá ser isento de qualquer responsabilidade se tiver adotado medidas de diligência necessárias e apropriadas das obrigações que lhe incumbem. Todavia, se houver falhas em seu dever de vigilância, existem dois modos de realização do fato internacionalmente ilícito: delito de omissão ou delito de ação.

A omissão do Estado é a forma mais frequente de violação da obrigação de *due diligence*, porque o direito convencional normalmente prevê obrigações de agir, de adoção de medidas concretas buscando a prevenção. A ação de diligência destina-se a uma atividade desenvolvida pelo próprio Estado, ou se refere aos seus poderes públicos de controlar as atividades desenvolvidas por entidades não governamentais em seu território ou sob sua jurisdição (Borges, 2017).

Após o evento danoso, busca-se a reparação integral, objetivando reestabelecer o status quo ante. A restituição é forma de reparação que um Estado que sofreu um dano transfronteiriço como resultado do descumprimento de uma obrigação internacional de prevenção deve pleitear. O Estado infrator deve eliminar as consequências jurídicas e materiais de seu ato ilícito. Mas, não é sempre possível a recuperação integral do meio ambiente.

O meio ambiente uma vez degradado, dificilmente conseguirá retornar ao status anterior. Por isso, conforme Nascimento (2017), "em face da complexidade do dano, muitas vezes, se mostra de valoração incerta e insuficiente frente a gravidade e a abrangência das consequências do mesmo, que podem incidir, inclusive, além das fronteiras do Estado causador do dano" (Nascimento, 2017).

No entendimento de Borges (2017), no direito internacional há lugar para uma responsabilidade internacional objetiva, pois é o único regime que pode assegurar a indenização de danos de origem tecnológica e industrial, independentemente de suas causas. Os Estados são relutantes em aceitar tal responsabilidade (Borges, 2017).

SUSTENTABILIDADE ENERGÉTICA

A busca de segurança energética sempre foi uma das principais determinantes da história da humanidade (Pereira, 2006). À princípio, pode parecer abstrata, de difícil definição, mas indubitavelmente tem caráter fundamental para a vida moderna.

Segundo Yergin (2014), "a dependência dos sistemas energéticos e sua complexidade e alcance crescentes deixam em evidência a necessidade de entendermos os riscos e as exigências da segurança energética no século XXI. Cada vez mais, o comércio de energia ultrapassa as fronteiras nacionais" (Yergin, 2014).

A finitude das fontes energéticas de origem fóssil e o aquecimento global apontam a necessidade de consolidação de novas alternativas energéticas, em consonância com as metas para o desenvolvimento sustentável. As prioridades ambientais precisam ser integradas à produção e consumo de energia.

O acesso às fontes de energia significa riqueza, uma vez que energia é qualidade de vida e insumo básico para o gozo dos direitos humanos. A energia é pré-condição para o trabalho (Pereira, 2006). Assim, segundo Costa (2009), "a eletricidade é um pré-requisito do mínimo necessário e indispensável para as atividades econômicas numa clara demonstração de que o acesso universal aos serviços de energia está diretamente ungido aos direitos humanos".

Hoje é consenso no cenário jurídico e econômico mundial a necessidade de desenvolvimento e utilização de fontes alternativas de energias renováveis. Ainda se mostra indispensável a diversificação da matriz energética, para garantir o fornecimento de energia, prevenindo possíveis colapsos (Guimarães, 2009).

A sociedade contemporânea ainda é dependente do petróleo como fonte de energia e matéria-prima. Contudo, a energia proveniente dos derivados do petróleo não é um recurso limpo e causa impactos ao meio ambiente. Vários países estão tomando medidas para o desenvolvimento de tecnologias para diminuir a emissão de gases poluentes com a queima dos combustíveis fósseis e incentivando a utilização de energias alternativas e renováveis. Percebe-se então uma nova postura diante do risco pela utilização desmedida de tais recursos energéticos (Guimarães, 2009).

Assim, as energias renováveis (solar, hídrica, eólica e biomassa) são vistas como "uma solução possível para o dilema entre a fome energética mundial, pressionada pelo crescimento econômico e a urgência da preservação do meio ambiente" (Passeggi, 2009).

Pereira afirma que as principais fontes energéticas renováveis e não-renováveis estão localizadas nos países emergentes. Tais países são explorados por empresas transnacionais energéticas, o que constitui empecilho à realização do direito ao desenvolvimento. (Pereira, 2006). A escassez de energia limita o crescimento econômico necessário para reduzir a pobreza.

Fato é que a substituição dos combustíveis fósseis deve ser encarada como um processo contínuo (Denny, 2018). De acordo com Viola (2010), "para a transição para uma economia de baixo carbono, é necessário um grande acordo internacional (em uma escala muito superior à do Protocolo de Kyoto), que deveria ser apoiado por uma série de mudanças comportamentais, bem como por desenvolvimentos tecnológicos e econômicos simultâneos e complementares".

Precisamos combater a carência de acesso à energia em diversas nações. Além disso, mesmo em Estados desenvolvidos, há uma energia cara e poluente. É necessário equilibrar o desenvolvimento econômico com a responsabilidade social e ambiental, garantindo assim uma sustentabilidade energética mundial.

ODS 7

Os Objetivos do Desenvolvimento Sustentável propostos pela ONU se materializaram como uma forma eficaz de direcionar os empenhos dos países signatários na diminuição das diferenças sociais no mundo, contribuindo com a sustentabilidade ambiental.

Dentre as ações globais estabelecidas nas 169 metas dos 17 ODS, as quais os países assumiram o compromisso de alcançá-las até o ano de 2030, o ODS 7 tem como premissa assegurar o acesso confiável, sustentável, moderno e a preço acessível à energia para todas e todos (ONU, 2015).

Como o objetivo de assegurar energia limpa e acessível, o ODS 7 contempla três metas, que ajudam a direcionar as atividades relacionadas a produção de energia e suas fontes perante as diferentes sociedades. Essas metas são abordadas na tabela 1.

Tabela 1: Indicadores relacionados ao alcance das metas do Objetivo 7.

ODS	CÓD de meta do ODS	Meta do ODS	Indicador ODS Global relacionado à temática ambiental
7	7.1	7.1 Até 2030, assegurar o acesso universal, confiável, moderno e a preços acessíveis a serviços de energia.	7.1.2 Proporção de população com dependência primária de combustíveis limpos e tecnologia.

7	7.2	7.2 Até 2030, aumentar substancialmente a participação de energias renováveis na matriz energética global.	7.2.1 Participação de energia renovável no total consumo final de energia.
7	7.3	7.3 Até 2030, dobrar a taxa global de melhoria da eficiência energética.	7.3.1 Intensidade energética medida em termos de energia primária e PIB.
7	7.a	7.a Até 2030, reforçar a cooperação internacional para facilitar o acesso a pesquisa e tecnologias de energia limpa, incluindo energias renováveis, eficiência energética e tecnologias de combustíveis fósseis avançadas e mais limpas, e promover o investimento em infraestrutura de energia e em tecnologias de energia limpa.	7.a.1 Fluxos financeiros internacionais para países em desenvolvimento em apoio à limpeza pesquisa e desenvolvimento de energia e produção de energia renovável, inclusive em sistemas híbridos.
7	7.b	7.b Até 2030, expandir a infraestrutura e modernizar a tecnologia para o fornecimento de serviços de energia modernos e sustentáveis para todos nos países em desenvolvimento, particularmente nos países de menor desenvolvimento relativo, nos pequenos Estados insulares em desenvolvimento e nos países em desenvolvimento sem litoral, de acordo com seus respectivos programas de apoio.	7.b.1 Investimentos em eficiência energética como proporção do PIB e a quantidade de Investimento direto estrangeiro em recursos financeiros transferência de infraestrutura e tecnologia para serviços de desenvolvimento sustentável.

Fonte: MMA, 2019.

O cumprimento das metas do ODS 7 é um grande desafio, considerando as dimensões dos Estados e a desigualdade social da população, de modo que é necessário buscar diferentes soluções para diferentes realidades.

A ausência de acesso à energia para todos pode implicar na "pobreza de energia", que é o termo utilizado para expressar a falta de acesso aos serviços energéticos modernos. Conforme a OHCHR (2017), a desigualdade é um dos principais desafios da atualidade em relação ao acesso à energia.

Um importante fator a ser considerado é a garantia do acesso à energia, preferencialmente renovável, às populações em regiões de difícil acesso. Embora os números variem significativamente de um país para outro, os combustíveis fósseis ainda dominam a matriz energética em âmbito global (Brasil, 2010).

O ODS 7 também implica a energia com acesso sustentável e confiável. Em termos globais, em 2016, mais de 1 bilhão de pessoas no mundo não tinham acesso à energia elétrica (UNDESA, 2018). Da mesma maneira, o uso constante e pouco eficiente de energia é uma realidade no mundo todo. Há previsão que o consumo de energia aumente, com demanda crescente não apenas dos países de alta renda, mas cada vez mais em países em desenvolvimento.

O acesso universal a serviços de energia é um elemento essencial para garantir que as metas do ODS 7 sejam alcançadas até 2030. O Pacto Internacional de Direitos Econômicos, Sociais e Culturais, em seu art. 11, insere o direito de todos os indivíduos e famílias de possuírem um nível adequado de qualidade de vida. Dessa forma, o pacto inclui o direito de todas as pessoas ao acesso à energia nas atividades cotidianas.

O número de pessoas com acesso à eletricidade aumenta anualmente devido a bons resultados em alguns países em desenvolvimento (UNDESA, 2018).

A CHINA NO CONTEXTO ENERGÉTICO GLOBAL

A energia é essencial para o desenvolvimento econômico. A China, grande potência mundial, desde reformas realizadas em 1978, tornou a segurança energética como uma constante preocupação de seu planejamento

(Vadell, 2019). Para implantar seu projeto de desenvolvimento econômico, a China busca desde então uma matriz energética diversificada forte, para depender de forma mínima de fontes externas, levando em consideração também as oscilações que ocorrem no mercado internacional (Silveira, 2018).

Em 1973, quando houve a crise internacional do petróleo, poucas reservas de petróleo eram conhecidas, por isso, a mineração de carvão mostrou-se estratégica para a China. No ano de 1978 foram implementadas reformas pelo governante Deng Xiaoping, as quais ficaram conhecidas como "Política de Portas Abertas". Essa política foi a causadora de mudanças no Partido Comunista Chinês (PCC), que passou a adotar um desenvolvimento econômico pró-capitalista. Esta mudança fez com que a China fosse cada vez mais integrada internacionalmente, todavia, ainda tendo uma forte intervenção do Estado em atividades econômicas e o regime político fechado (Paixão, 2017).

A qualidade do ar e da água deterioram-se bastante, considerando a grande acumulação social e ambiental dos custos de exploração do carvão. O país tem taxas altíssimas de doenças respiratórias. A demanda por maior qualidade ambiental é um dos principais propulsores do compromisso da China com a governança global de energia (Vadell, 2019).

É importante ressaltar que o acesso a eletricidades para meio bilhão de pessoas, nas últimas décadas foi uma conquista significativa. Em 2006 foi criado o projeto "eletricidade para cada família" que fez com que em 2015, todas as pessoas na China tivessem acesso à eletricidade.

Segundo Abramovay (2014),

> "Até poucos anos atrás, os altos preços das energias renováveis modernas (solar, eólica, biomassa e geotérmica) faziam com que o acesso à energia se vinculasse quase inevitavelmente ao aumento da ocupação do espaço carbono pelos que estavam em situação de pobreza. Tudo indica que este raciocínio hoje tenha perdido validade, tendo em vista

o aumento da eficiência e a redução nos preços das fontes
solar e eólica e, embora em menor proporção e também os
ganhos de produtividade das formas modernas de utilização
da biomassa".

A China conta com uma significativa participação de energias fósseis, mas, vem investindo na instalação de matriz diversificada e na adoção de fontes de energia renováveis. Inclusive, vem promovendo a desativação de usinas termoelétricas poluentes (Angrisani, 2017).

A China busca tornar-se uma "civilização ecológica", fato declarado na constituição da China do Partido Comunista e constante de seu décimo terceiro plano quinquenal: "Implementar o mais rigoroso sistema de proteção ambiental, reunindo esforços do governo, empresas e público para realizar melhoria ambiental. Controle das emissões de carbono, e que honre os compromissos e participe profundamente da governança climática global" (Vadell, 2019).

O 13º Plano Quinquenal (2016-2020) almeja reiterar o objetivo de transição para um modelo mais sustentável. Fomenta mudanças na matriz energética chinesa e contribui para o alcance do teto das emissões de CO_2 até 2025 ou 2030, conforme compromisso assumido na Convenção de Paris (COP 21) em 2015 (Angrisani, 2017).

Conforme bem explica Angrisani (2017),

"no 13º Plano Quinquenal, o tema de eficiência energética
está presente nos objetivos de i) aprofundar a revolução
energética, por meio de sistema elétrico limpo, eficiente e
com baixas emissões de gás carbono, ii) construir sistema
energético integrado, iii) limitar o consumo anual de carvão
a, no máximo, 5 bilhões de toneladas e iv) respeitar os
compromissos assumidos de controlar as emissões de dióxido

de carbono. No intuito de alcançar essas metas, o Governo estabeleceu medidas que estimulam a eficiência energética em áreas como: i) geração elétrica, ii) indústria, iii) construção civil, iv) equipamentos elétricos e v) transporte".

O plano também traz como destaque o foco na industrialização e difusão de tecnologias em energias renováveis (TERs) como eólica offshore, Concentrated Solar Power (CSP), oceânicas, geotérmicas, bioenergia, dentre outras. De forma semelhantes às políticas de energia solar fotovoltaicas e eólica onshore, as políticas direcionadas a estas tecnologias também almejam desenvolver a cadeia de valor internamente (Zotin, 2018).

De acordo com Silveira (2018),

"Como não é possível estocar energia eólica, solar ou do movimento das ondas e marés (que em geral são fontes remotas de geração e demandam a implantação de uma sistema de transmissão de baixa tensão e a utilização nas proximidades dos parques geradores), a imediata conexão da energia aí produzida, com absorção do potencial gerado em um sistema integrado, cria novas oportunidades de negócios para tais alternativas tecnológicas, mesmo que em "vazios", sem a conexão com áreas onde há infraestrutura urbana e industrial demandante de energia".

Com o aumento do mercado de trabalho para grande parte da população chinesa, houve, consequentemente, um aumento no consumo de bens e de energia. Considerando que sua matriz energética ainda é majoritariamente de fontes fósseis, quanto mais a população se desenvolver, mais haverá poluição afetando saúde e qualidade de vida. Além disso, é o país em que mais ocorrem mortes em acidentes com minas, em razão da falta de segurança nas minas de carvão (Silveira, 2018).

A China desenvolveu uma política de segurança energética para evitar a dependência total em sua matriz e uma política externa pautada na diplomacia energética, objetivando conectar a matriz chinesa com várias opções de fontes renováveis e não-renováveis pelo mundo (Silveira, 2018).

As energias renováveis e a eficiência energética exercem papel relevante para o processo de modernização e sustentabilidade da economia chinesa (Angrisani, 2017). Consoante Escher e Wilkinson (2018),

"O desenvolvimento econômico e ascensão internacional da China como grande potência é sem dúvida o fato mais notável do capitalismo na era da globalização. Ao gerar impactos na divisão internacional do trabalho, na dinâmica global de acumulação de capital, nas finanças e na geopolítica, a China representa uma força de deslocamento dos Estados Unidos como centro de gravitação econômica e de hegemonia política no mundo hoje. Na América Latina, a demanda chinesa e o seu efeito na alta dos preços das commodities energéticas, minerais e agrícolas tem sido o sustentáculo financeiro das trajetórias de crescimento econômico e da implementação de políticas sociais pelos governos de centro-esquerda nos países do continente".

A China vem buscando expandir sua cooperação nos campos da energia com países da América Latina e do Caribe. São realizados esforços para exploração e desenvolvimento, bem como cooperação a indústrias de apoio, como fundição, processamento, logística, comércio e fabricação de equipamentos, a fim de melhorar o valor agregado dos produtos (Vadell, 2019).

Graças ao carvão mineral, a China conseguiu adaptar-se ao processo de abertura econômica que culminou com a industrialização nas províncias, urbanização de áreas litorâneas e potencial desenvolvimento da região oeste do país. Por ter passado muitos anos promovendo a queima do carvão, assim como do petróleo em larga escala, houve um grande comprometimento da qualidade da água, solo e ar. Tais impactos contribuíram com chuvas ácidas e qualidade ruim do ar nos países vizinhos (Silveira, 2018).

A Agência Internacional de Energia (IEA) explanou em seu relatório anual "World Energy Outlook" de 2017 que a China contribui com a governança energética global e que o governo do presidente Xi Jinping, que afirmou buscar segurança energética e lutar contra a poluição está levando o país a um modelo econômico baseado em serviços e dotado de uma política energética diversificada em eletricidade, gás natural e tecnologias digitais limpas e de alta eficiência (Silveira, 2018). Fato é que a segurança energética chinesa depende de sua diplomacia energética, sendo necessário ampliar o máximo possível a área de influência dos investimentos que possam acessar fontes de energia (Silveira, 2018).

Quanto mais investimentos nas tradicionais formas de oferta de energia, mais incontornável se torna a dependência por estas tecnologias, mesmo que sob formas mais modernas, como é o caso das fontes não convencionais de obtenção do petróleo, das quais o pré-sal brasileiro pode ser citado como exemplo (Abramovay, 2014). A China se tornará em breve a maior importadora e a maior consumidora de petróleo do mundo, em razão de sua demanda crescente e da presença cada vez maior de empresas chinesas no setor de óleo e gás. Além disso, o governo promove reformas domésticas no setor para que os preços internos chineses reflitam os preços internacionais (Paixão, 2017).

O país possui uma vasta reserva de carvão mineral, o que o tornou o maior produtor e consumidor de carvão mundial. A enorme utilização do carvão impulsionou o crescimento econômico do país nas últimas décadas, bem como gerou problemas relacionados às emissões de CO_2 (Paixão, 2017).

Em 2005, foi criada e promulgada a Lei de Energias Renováveis da República Popular da China, que entrou em vigor em 1º de janeiro de 2006. O objetivo dela é promover e desenvolver as energias renováveis, ampliando a oferta de energia e aprimorando a infraestrutura energética (Paixão, 2017).

Para diminuir sua dependência energética do carvão, há uma ideia de se criar um imposto sobre a quantidade de carvão produzida e comercializada e com o valor arrecadado haveria um investimento na promoção e desenvolvimento de tecnologias renováveis. Entretanto, é uma questão controversa e que gera muita resistência do empresariado, uma vez que tal medida fere regras de livre mercado. Além disso, o governo chinês é o maior proprietário de mineradoras que produzem carvão (Paixão, 2017).

A estratégia chinesa de coordenar investimentos em tecnologias de energias renováveis e a implementação de política ambiental mais agressiva é de grande importância para a busca pela segurança alimentar (Zotin, 2018).

A participação da China na governança global do clima tem início nas negociações da Convenção do Clima, no ano de 1988, realizada pelo G77, tendo sido ratificada em 1992, no estado do Rio de Janeiro, no Brasil. Inicialmente eram pautas o direito ao desenvolvimento e a defesa da soberania dos Estados, a responsabilização histórica das nações mais desenvolvidas no campo industrial com as mudanças climáticas e o deslocamento de tecnologia e de fundos para os países em desenvolvimento. Nesta época, "a China reconhece internamente a questão climática como um assunto de relevância nacional e o governo cria as instituições governamentais que nortearão as políticas de mitigação" (Zotin, 2018).

Segundo Zotin (2018),

"Nas Conferências das Partes (COPs) que se seguiram, a China afirmou, novamente junto ao G77, o princípio das "responsabilidades comuns mas diferenciadas", o que seria refletido no Protocolo de Kyoto, adotado na COP3, em 1997, e implementado em 2002: o Protocolo de Kyoto

limitava as emissões dos países industrializados, mas não dos em desenvolvimento, como a China. De 1992 a 1998, a China se limitava a apontar a responsabilidade dos países industrializados pela mitigação de emissões estufa e resistir, enquanto país em desenvolvimento, a metas, prazos e até participações voluntárias na redução de emissões enquanto os países desenvolvidos não cumprissem os compromissos já estabelecidos na Convenção do Clima."

Contudo, a postura chinesa se modifica em 1998. Ela passa a priorizar seu direito ao desenvolvimento, adotando políticas para seu crescimento interno, como também adotando a emissão de gases de acordo com o acordado internacionalmente. A postura anterior era diferente, onde a China afirmava que seu comprometimento com a redução dos gases do efeito estufa só ocorreria quando se tornasse um país medianamente desenvolvido (Zotin, 2018).

Em 2009, a China promete pela primeira vez limitar suas emissões na Conferência de Copenhagen. Em 2012, com o início do governo de Xi Jinping, ela passou a realizar uma política externa mais ativa, buscando ser protagonista na governança global. Assim, com essa mudança de comportamento, a China criou uma excelente oportunidade para tornar-se líder no processo de transição energética mundial (Zotin, 2018).

A China adaptou suas políticas e instituições para aproveitar oportunidades: tornou-se grande fabricante de tecnologias em energias renováveis, que abasteceria o mercado europeu emergente; reorientou a capacidade de fabricação de painéis fotovoltaicos para o mercado doméstico, enquanto os países centrais impuseram ações anti-dumping, por exemplo; aumentou sua capacidade industrial e de mobilização de recursos para uma transição que garantiria estabilidade social, segurança energética e continuidade do seu projeto de desenvolvimento em longo prazo (Zotin, 2018).

O que parece uma contradição, o fato da China intensificar sua geração de energia por meios fosseis e ao mesmo tempo destinar recursos para instalação de fontes renováveis no globo, na verdade é um meio da China despontar como potência econômica em um mundo pluripolarizado, com diversos espaços de poder (Zotin, 2018).

Dados da IEA de 2016 mostram a evolução da matriz energética chinesa, com o declínio da participação do carvão, que foi de 66% em 2014 e projeta-se de 42% em 2035. O gás natural representará 11% da matriz energética, mais que o dobro da atual. O óleo cru aumentará de 20 para 22%. Houve um crescimento geral em energias renováveis, com cerca de 69,5% de aumento, bem como a nuclear e a hidroelétrica, com 64,4% e 38%, respectivamente. Com este aumento da geração nuclear, em 2035 a China responderá por 31% da geração nuclear do mundo (Delgado e Febraro, 2017).

A China pode ser considerada uma superpotência climática conservadora moderada, ainda relutante em cumprir metas obrigatórias de emissões de gases do efeito estufa (Vadell, 2019). Todavia, ela modificou sua postura quando se conscientizou sobre a vulnerabilidade das alterações climáticas em seu território. Ela também teve receio de assumir o papel dos Estados Unidos como "vilão climático" mundial. Assim como em outros países, houve demandas crescentes de movimentos populares por qualidade ambiental. Ademais, a China demonstra a vontade de se tornar um líder tecnológico e econômico em um mundo de baixo carbono. Optou por custos de energia mais altos para empresas que não atendessem à eficiência energética e concedeu recompensas financeiras para quem economizasse energia. Diversas foram as medidas para a mudança cultural energética: transporte público alternativo; utilização do excedente de calor; iluminação verde; impostos mais altos sobre petróleo, carvão e gás natural; operadores de redes elétricas deviam comprar energia de produtores de energia renovável; edificações eficientes e eletrificação rural; apoio financeiro à pesquisas em tecnologias de energia renovável, dentre outras (Vadell, 2019).

Diversos atores atuaram para esta mudança de paradigma: o Estado, bancos internacionais e regionais, organizações não governamentais, cientistas, empresas, instituições transnacionais e sociedade civil. Conforme Vadell (2019), "devido à natureza sem precedentes deste desafio, a energia e mudanças climáticas tornaram-se elementos definidores da política externa e nova política externa de energia transforma o caráter das rivalidades geopolíticas existentes".

CONSIDERAÇÕES FINAIS

No mundo globalizado os Estados buscam o desenvolvimento econômico e por vezes esquecem de que precisam do meio ambiente sadio para sua sobrevivência e das gerações futuras. As atividades do homem nas últimas décadas vêm gerando grandes desequilíbrios aos ecossistemas. A utilização dos recursos naturais, com objetivo de lucro, sem preocupação com a degradação ambiental pode levar à um colapso, à curto prazo.

O direito internacional público precisou se adaptar a esta nova realidade, considerando que os problemas ambientais evoluem de forma breve e diante da incerteza científica que envolve as questões ambientais, se faz necessário o uso de instrumentos dinâmicos, que possam ser constantemente atualizados. A adoção de normas de soft law, bem como das convenções-quadro, tornam possível essa adaptação.

A preservação da soberania dos Estados não deve ser mais empecilho ao desenvolvimento sustentável. Os Estados desenvolvidos e subdesenvolvidos tem buscado a cooperação em prol de objetivos comuns, afinal, o meio ambiente saudável é patrimônio universal.

O necessário debate sobre energia, prevista no ODS 7 da Agenda 2030 engloba diversas nuances: gestão de riscos, mudanças climáticas, energias renováveis, etc. O citado objetivo propõe ações para distribuição e acesso a energia que seja de produção renovável, com impactos ambientais reduzidos, custos baixos e de alcance ao maior número de pessoas possível.

Considerando que as principais fontes energéticas renováveis e não-renováveis estão localizadas nos países emergentes, grandes empresas transnacionais energéticas exploram os recursos de tais países, que continuam empobrecidos. Essa realidade precisa ser mudada, pois a energia é um direito humano fundamental.

A energia é bem indispensável para o desenvolvimento das nações, por isso, deve-se fomentar a busca e utilização de fontes renováveis, como a hidráulica, eólica e biomassa, de modo a ir ao encontro do desenvolvimento sustentável.

A China é o país mais populoso do mundo e com maior emissão de gases do efeito estufa. Assim, para baixar os níveis globais é vital ter a China envolvida em energia, eficiência e fontes de baixo carbono. Portanto, percebe-se a sua enorme importância na governança energética e climática.

Por este estudo, podemos avaliar que a China vem envidando esforços no fomento da sustentabilidade energética global. São desafios complexos, mas contribuem de forma relevante para o processo de modernização e sustentabilidade de sua economia. Assim, a China mostra-se preocupada e atuante no cumprimento do ODS 7 da ONU, previsto na Agenda 2030.

REFERÊNCIAS BIBLIOGRÁFICAS

17 Objetivos para transformar nosso mundo. ONU Brasil. Consultado em: https://nacoesunidas.org/pos2015/

A ONU e o meio ambiente. ONU Brasil. Consultado em:

https://nacoesunidas.org/acao/meio-ambiente

Agenda 2030. ONU Brasil. Consultado em: http://www.agenda2030.org.br/

Abramovay, R. (2014). Inovações para que se democratize o acesso à energia sem ampliar as emissões. Trabalho apresentado no Seminário preparatório à reunião do grupo G77 + China, realizado em Santa Cruz da Bolívia. https://www.scielo.br/pdf/asoc/v17n3/v17n3a02.pdf

Amaral, G. de S. (2015). Soberania à luz do direito internacional ambiental [Mestrado em Direito Internacional, Universidade de São Paulo]. https://doi.org/10.11606/D.2.2015.tde-30112015-164834

Angrisani, C. H. (2017). Energia renovável e eficiência energética na China: transição para uma matriz mais eficiente e sustentável. Carta Brasil - China. Conselho Empresarial Brasil China. http://cebc.org.br/sites/default/files/cartabrasilchina_ed18_.pdf

Armada, C. A. S. (2016). Governança global e justiça ambiental face aos desafios da mudança climática planetária. [Doutorado em Ciência Jurídica, Universidade do Vale do Itajaí].https://www.univali.br/Lists/TrabalhosDoutorado/Attachments/146/TESE%20DOUTORADO%20-%20Charles%202016%20-%2011%20-%2010.pdf

Ayala, P. A. (2010). A Proteção Jurídica das Futuras Gerações na Sociedade do Risco Global: O Direito ao Futuro na Ordem Constitucional Brasileira In Leite, J. R. M., Ferreira, H. S. & Boratti, L. V. (2010). Estado de Direito Ambiental – Tendências. (320-359). Rio de Janeiro, RJ: Gen. 2ª Ed. ISBN 9788521804642.

Beck, U. (2001) La politique dans la société du risque. Revue du MAUSS1/2001(17), p. 376-392. Traduzido por Estevão Bosco. https://periodicos.sbu.unicamp.br/ojs/index.php/ideias/article/view/8649300/15855

Bello, N. B. (2010). Teoria do Direito e Ecologia: Apontamentos para um Direito Ambiental no Século XXI In Leite, J. R. M., Ferreira, H. S. & Boratti, L. V. (2010). Estado de Direito Ambiental – Tendências. (283-319). Rio de Janeiro, RJ: Gen. 2ª Ed. ISBN 9788521804642.

Borges. L. E. (2017). As obrigações de prevenção no Direito Ambiental Internacional. Editora Saraiva Jur e IDP. ISBN 978-8547213473.

BRASIL (1992). Decreto Nº 591, de 6 de julho de 1992. Artigo 11 do Pacto Internacional de Direitos Econômicos, Sociais e Culturais. Consultado em: http://www.planalto.gov.br/ccivil_03/decreto/1990-1994/d0591.htm

BRASIL (2010). Matriz energética. Consultado em: http://www.brasil.gov.br/meio-ambiente/2010/11/matriz-energetica

Canotilho, J. J. G. (2010). Estado Constitucional Ecológico e Democracia Sustentada In Leite, J. R. M., Ferreira, H. S. & Boratti, L. V. (2010). Estado de Direito Ambiental – Tendências. (31-46). Rio de Janeiro, RJ: Gen. 2ª Ed. ISBN 9788521804642.

Carvalho, D. W. (2010). A Tutela Constitucional do Risco Ambiental In Leite, J. R. M., Ferreira, H. S. & Boratti, L. V. (2010). Estado de Direito Ambiental – Tendências. (261-282). Rio de Janeiro, RJ: Gen. 2ª Ed. ISBN 9788521804642.

Coelho, L. C. P. (2016). A consciência ecológica como estratégia para um desenvolvimento sustentável contra as armadilhas do capitalismo global. In Demarchi, C., Oliveira Neto, J. R. & Abreu, P. M. (2016) Direito, Estado e sustentabilidade. São Paulo : Intelecto Editora, 2016. ISBN 978-85-5827-007-6. (e-book)

Costa, M. D'. A. (2009). O Direito de acesso à energia – Meio e pré-condição para o exercício do direito ao desenvolvimento e dos direitos humanos. [Doutorado em Energia, Universidade de São Paulo]. https://doi.org/10.11606/T.86.2009.tde-11082011-112846

Delgado. F. & Febraro, J. (2017) Cronos: China e as suas questões de segurança energética. FGV Energia. http://www.fgv.br/fgvenergia/cronos_seguranca_energetica2/files/assets/common/downloads/publication.pdf

Denny, D. M. T. (2018). Agenda 2030 e Governança ambiental: estudo de caso sobre etanol da cana de açúcar e padrões de sustentabilidade como Bonsucro. [Doutorado em Direito, Universidade Católica de Santos]. http://biblioteca.unisantos.br:8181/handle/tede/4581

Escher, F. & Wilkinson, J. (2018). A economia política do complexo Soja-Carne Brasil-China. Revista de Economia e Sociologia Rural, 57(4), 656-678. https://doi.org/10.1590/1806-9479.2019.191017

Glasenapp, M. C. & Cruz, P. M. (2016). Sustentabilidade e a possibilidade de ambientes democráticos de governança transnacional. In Demarchi, C., Oliveira Neto, J. R. & Abreu, P. M. (2016) Direito, Estado e sustentabilidade. São Paulo : Intelecto Editora, 2016. ISBN 978-85-5827-007-6. (e-book)

Jota, J. O. (2006). Soberania x A preservação internacional do meio ambiente: A conformação do princípio da Soberania Nacional em face da proteção ambiental internacional. [Mestrado em Direito, Universidade Federal de Pernambuco]. Consultado em: https://repositorio.ufpe.br/handle/123456789/4583

Kroetz, M. E. & Germanò, M. A. (2018). Overview of the Brazilian energy sector in times of Chinese investments inflow.

Mayorga, L. J. P. (2015). Soberania e Tutela internacional do Direito ao Meio Ambiente. [Doutorado em Direito Ambiental, Universidade do Estado do Amazonas]. Consultado em:http://repositorioinstitucional.uea.edu.br/bitstream/riuea/1983/1/Soberania%20e%20tutela%20internacional%20do%20direito%20ao%20meio%20ambiente.pdf

Ministério do Meio Ambiente (2019). Indicadores relacionados ao alcance das metas do ODS 7. Consultado em: https://www.mma.gov.br/informma/item/11540-objetivo-7-energia-acessivel-e-limpa.html

Nascimento, L. L. (2017). Direito Internacional do Meio Ambiente: O Direito Transnacional como Solução à Efetividade das Normas Internacionais sobre Água Doce. Revista Brasileira de Direito Internacional, 2(2), 223. https://doi.org/10.26668/IndexLawJournals/2526-0219/2016.v2i2.1658

ODS 7. ONU Brasil. https://nacoesunidas.org/pos2015/ods7/

Paixão, M. A. S. (2017). O crescimento econômico da China e o consumo de carvão para geração de energia [Doutorado em Economia, Universidade de São Paulo]. https://teses.usp.br/teses/disponiveis/11/11132/tde-04082017-142954/pt-br.php

Passeggi, A. V. B. S. (2009). A inserção das energias renováveis na matriz energética brasileira como instrumento de efetivação do desenvolvimento sustentável no Brasil In Xavier, Y. M. A. & Guimarães, P. B. V. - org (2009). O Direito das Energias Renováveis. Universidade Federal do Rio Grande do Norte.

Pereira, A. C. A. (2006). O direito à energia no contexto dos humanos. Revista Sequência, n° 53, 29-42. Consultado em: https://doi.org/10.5007/%25x

Silveira, L. C. F. U. (2018). Laços e traçados da China no Brasil: Implantação de infraestrutura energética e a componente socioambiental. [Mestrado em Relações Internacionais, Universidade de Brasília]. https://repositorio.unb.br/handle/10482/34946

Sredoja, P., & Soccorro, A. C. D. (2018) ODS 7 – Energia limpa e acessível e as metas do Conselho Nacional de Justiça. Consultado em: https://www.cnj.jus.br/wp-content/uploads/2019/05/49079058cb1a6277d775c2f5373fee19.pdf

The Office of The United Nations High Comissioner For Human Rights [OHCHR] (2017). Baseline Study on the Human Rights Impacts and Implications of Mega-Infrastructure Investment. Consultado em: https://www.ohchr.org/Documents/Issues/Development/DFI/MappingStudyontheHRRiskImplications_MegaInfrastructureInvestment.pdf

United Nations Department of Economic and Social Affairs [UNDESA] (2018). Accelerating SDG7 Achievement Policy Briefs In Support Of The First SDG7 Review at The UN High-Level Political Forum 2018. Consultado em:https:// sustainabledevelopment.un.org/content/documents/25571804578ESDG7_Policy_Briefs_REV_3.pdf

Vadell, J. A. (2019). China in Latin America South-South Cooperation with Chinese Characteristics. Latin American Perspectives. Volume 46 Issue 2, March 2019. https://journals.sagepub.com/doi/10.1177/0094582X18815511

Veiga, F. L. F. (2017). Princípio da soberania permanente sobre os recursos naturais: os limites do Direito Ambiental Internacional. VirtuaJus – Belo Horizonte, v.13 - n.1, p.472-495. ISSN: 1678-3425. Consultado em: http://periodicos.pucminas.br/index.php/virtuajus/article/view/15787

Viola, E, J. (2010). Evolução da Mudança Climática na Agenda Internacional e Transição para uma economia de Baixo Carbono 1990-2009 In Leite, J. R. M., Ferreira, H. S. & Boratti, L. V. (2010). Estado de Direito Ambiental – Tendências. (47-94). Rio de Janeiro, RJ: Gen. 2ª Ed. ISBN 9788521804642.

Weiss, E. B. (1993). International Environmental Law: Contemporary Issues and the Emergence of a New World Order. The Georgetown Law Journal, nº 81, 675-710.

Yergin, D. (2014). A busca. Editora Intrínseca. ISBN 9788580575682.

Zotin, M. Z. (2018). O papel da China na transição energética global: Estado, indústria e recursos. [Mestrado em Planejamento Energético, Universidade Federal do Rio de Janeiro]. http://www.ppe.ufrj.br/index.php/en/publicacoes/dissertacoes/2018/1437-o-papel-da-china-na-transicao-energetica-global-estado-industria-e-recursos.

INTERNACIONALIZAÇÃO DA AMAZÔNIA–UMA VISÃO INSTITUCIONALISTA

Autora:

Márcia Maria Costa Azevedo

ASPECTOS GERAIS DA AMAZÔNIA

A Amazônia recebe várias denominações: Floresta Amazônica, Selva Amazônica, Floresta Equatorial da Amazônia, Floresta Pluvial, Hileia Amazônica.

Trata-se, em síntese, de um conjunto de ecossistemas, composto pela Floresta Amazônica e pela bacia amazônica, a bacia hidrográfica de seu principal rio, o Amazonas.

É uma vasta região que, por isso, abrange vários Estados brasileiros (Acre, Amapá, Amazonas, Pará, Roraima, Rondônia, Mato Grosso e parte de Tocantins e do Maranhão), inclusive chega a abranger até mesmo regiões de outros países (Bolívia, Colômbia, Equador, Guiana Francesa, Peru, Suriname e Venezuela), sendo considerada uma das maiores biodiversidades do planeta, com diversificada fauna e flora, com muitas espécies raras, algumas até em extinção, tais como o boto cor-de-rosa e o boto-preto, além de seu rico potencial de recursos hídricos e minerais.

Todos esses fatores despertam a atenção e/ou interesse de muitos outros países, além dos supracitados que já fazem parte da região amazônica.

PROBLEMAS ENFRENTADOS PELA AMAZÔNIA

Considerando o fato de ser uma região isolada, de ser atravessada por vários rios, de haver dificuldade quanto à locomoção das pessoas e quanto ao transporte de bens e/ou produtos, a parte brasileira da região amazônica teve muitos problemas como, por exemplo, com o povoamento e o desenvolvimento.

Houve incentivos à exploração da região como ocorreram principalmente durante os chamados ciclos da borracha (1879-1912; 1942-1945) e o da soja.

Durante o ciclo da borracha, o governo brasileiro doava terras para quem quisesse plantar seringueiras como forma de incentivar a ocupação e a exploração da região que, dentre outros fatores, acarretou o aumento da produção.

Foi na floresta amazônica que ocorreu a principal extração da borracha natural e o Brasil se tornou o principal exportador de borracha para o restante do mundo durante certo tempo, tendo a Revolução Industrial, o avanço tecnológico e o processo de vulcanização contribuído para isso.

A partir do caule da seringa ou seringueira se extrai o látex, que após um tempo de coagulação gera a borracha. Essa planta fez a região amazônica se tornar a principal produtora e comercializadora desses itens nesse período.

Esse aumento da produção acarretou a expansão da colonização por atrair centenas de pessoas de outras regiões do país, com destaque para os nordestinos que a viam como oportunidade de crescimento econômico e social.

As capitais da região (Manaus, Amazonas, Belém, Porto Velho) passaram por um meteórico processo de desenvolvimento com reformas urbanas, com melhorias arquitetônicas, econômicas, culturais e sociais. Muitas cidades surgiram também nesse período.

Mas, essa exploração direta não se restringiu aos brasileiros, de onde se ressalta um acordo internacional assinado entre Brasil e Estados Unidos no Governo de Getúlio Vargas no período do segundo ciclo da borracha.

Esses Acordos de Washington versavam sobre o fornecimento de algumas matérias-primas brasileiras aos norte-americanos. Assinados em 1942 em Washington, incluíam desde a cooperação técnica e financeira americana, à modernização da mina em Itabira (produtora de minério de ferro) e da ferrovia Vitória-Minas, além da exploração do látex.

Apesar de a seringueira (hevea brasiliensis) ser uma planta nativamente brasileira, originária da Floresta Amazônica, ela possui muita adaptabilidade. Foi apostando nisso que o botânico Henry Wickham contrabandeou algumas sementes e mudas de seringueira para levar até as plantações de borracha nas colônias britânicas, holandesas e francesas. A partir disso, a produção de borracha deixa de ser exclusividade brasileira, havendo queda na comercialização por disputar agora esse mercado com a Inglaterra, Holanda e França, fato que gerou estagnação econômica local.

Não se pode esquecer de apontar também o ousado plano de Henry Ford (1863-1947) com seu ambicioso projeto de fundar uma cidade ao estilo americano no Pará.

Ford, fundador da Ford Motor Company, realizou uma inovação tecnológica com a criação do primeiro automóvel acessível à classe média, cujo valor era bem menor do que os dos demais modelos existentes na época, justamente por sua indústria fazer uso de suas novas técnicas de produção em massa, fato que o tornou uma referência no setor (Técnica do Fordismo).

Porém, relativamente à sua motivação em criar uma cidade no interior do norte do país, não foi um mero incentivo à região. Na verdade, visando dar impulso à montagem de seus automóveis, ele escolheu esta promissora região produtora de borracha já que a borracha é matéria-prima na fabricação de pneus e outras peças automotivas.

Por não querer depender da produção de borracha europeia e temendo a iminente criação de um cartel da borracha, Ford compra uma imensa extensão de terras na Amazônia, dando início à ocupação que outros estrangeiros fariam na região.

Em 1928 surgia a Fordlândia, com equipamentos e mobília trazidos dos Estados Unidos através do rio Tapajós, única forma de acesso ao lugar, para fomentar sua construção, com a implantação de melhorias como água corrente e geradores, além da construção de locais como hospitais, restaurantes e uma fábrica de borracha no meio da selva amazônica.

Um pouco depois, Ford foi aconselhado a mudar o local de plantação de seringueiras e surgia a vila de Belterra.

Mas, o sonho de Ford por lá não durou mais que duas décadas, enfrentando fatores humanos e naturais como a revolta de trabalhadores, choques culturais, falta de melhor conhecimento da região pelos administradores americanos, pragas e doenças tropicais, além da concorrência vinda da produção de borracha sintética e das plantações asiáticas, fazendo com que tal território fosse melhor aproveitado para abrigar militares americanos durante a Segunda Guerra Mundial (1939-1945).

Com o evidente fracasso, os americanos foram embora da região e, em 1945, Ford entregou a cidade de Fordlândia ao governo brasileiro, cidade que vem sofrendo declínio desde então, mas com muitas das construções a permanecer ainda erguidas a tentar enfrentar o desgaste pela passagem do tempo, pelas inundações e pelas ações dos saqueadores, dando-lhe agora a alcunha de "cidade fantasma", já que lá permanecem ainda pouquíssimos moradores e aguarda posicionamento do governo sobre tombamento.

O tombamento é um instituto legal de preservação de um bem material com valor afetivo, histórico, arquitetônico ou cultural. Constitui uma tentativa de preservar a memória brasileira para as gerações futuras, evitando que o objeto de proteção sofra processos de destruição ou descaracterização.

Mas, além das questões que envolvem essas tentativas de avanços na região de forma geral e também no povoamento, outras atribuições também são relevantes e merecem menção, tais como o desmatamento ilegal, as queimadas, a poluição, os garimpeiros na clandestinidade, as disputas de terras e as invasões.

Através da política governamental, o governo brasileiro criou, na década de 50, a Amazônia Legal com objetivo de primar pela evolução e pela integração da área, principalmente com incentivos fiscais.

Aliás, essa região foi objeto de outros programas governamentais, tais o PIN (Programa de Integração Nacional), no período ditatorial. Em resumo, foi implantado em 1970 pelo Presidente Emílio Garrastazu Médici e buscava ocupar a região amazônica com imigrantes nordestinos. Seu objetivo era integrar as regiões Norte e Nordeste do país, propondo para isso a construção e a reforma de rodovias (Transamazônica, Cuiabá-Santarém, Belém-Brasília, entre outras).

Essas tentativas governamentais de integração restaram infrutíferas já que não solucionaram nenhum dos problemas das regiões citadas em decorrência de vários fatores, tais como, a desconsideração de populações indígenas já ocupando a região amazônica e a não solução efetiva dos problemas relativos à seca na região nordeste.

Ressalta-se, ainda, que, além dessa colonização incentivada, também houve colonização voluntária.

Apesar do lema desse período de extremo nacionalismo ser "integrar para não entregar", fazendo referência à dominação estrangeira, sempre houve investimentos estrangeiros na região, inclusive solicitados pelo governo por afirmar que não havia recursos suficientes para arcar com os planos governamentais na área.

CONFLITO ENTRE EXPLORAÇÃO E CONSERVAÇÃO

A visão ambiental brasileira foi evoluindo de forma gradativa juntamente com a conscientização global acerca de questões ambientais. A partir da década de 60, muitos países começaram a editar normas voltadas à proteção ambiental. Cita-se como marco, internacionalmente, a Conferência de Estocolmo, em 1972. No Brasil, por sua vez, houve o Código Florestal (revogada Lei nº 4.771/65) e a Lei nº 6.938/81 (que dispõe sobre a Política Nacional do Meio Ambiente).

Em 1992, o Rio de Janeiro sediou a Conferência das Nações Unidas sobre Meio Ambiente e Desenvolvimento (CNUMAD), que se tornou mais conhecida como ECO-92 ou RIO-92, na qual foram aprovados vários documentos oficiais importantes, como a Declaração do Rio, a Convenção da Desertificação e a Agenda 21, entre outros, que traçaram metas sobre poluição e desenvolvimento sustentável.

Apesar de alguns dos documentos supracitados não terem natureza jurídica de tratados internacionais, foram assinados dois tratados na Rio-92: a Convenção do Clima e a Convenção da Diversidade Biológica.

No Brasil, em breve resumo, um tratado internacional integrará a ordem jurídica brasileira quando preencher todos os requisitos de um procedimento que abrange celebração do tratado internacional pelo Executivo ou adesão, aprovação pelo Parlamento, troca ou depósito pelo Executivo, promulgação através de decreto presidencial e posterior publicação.

A Rio-92 se caracterizou, portanto, como um compromisso ético. O Brasil, então, dava os primeiros passos para mudar a visão de desenvolvimento a qualquer custo, amplamente adotada nas décadas anteriores, para a visão ético-ambiental. Isso se fortaleceu com a promulgação da Constituição Federal de 1988, considerada uma "Constituição Verde", pelo destaque que concedeu à proteção ambiental.

Vislumbrando, portanto, o fato de as necessidades humanas serem ilimitadas e os recursos naturais serem limitados, o Brasil adota alguns princípios gerais em Direito Ambiental, a saber: da precaução, da prevenção, do equilíbrio, do poluidor-pagador, da participação humanitária, da função social e ambiental da propriedade, do desenvolvimento sustentável, entre outros.

Sintetizando, os princípios são o alicerce, a base ou a essência de alguma norma, todavia, adquiriram normatividade ou juridicidade com o Neoconstitucionalismo e o Pós-positivismo.

Destaca-se a versatilidade da legislação ambiental brasileira através de mudanças significativas nos últimos governos, acarretando a flexibilidade até mesmo dos princípios supramencionados, como se observa no caso atual de o próprio governo se posicionar pela diminuição da burocracia e pela maior celeridade na liberação de licenciamentos ambientais, enquanto ambientalistas e políticos de oposição afirmam que as novas regras enfraquecerão a legislação ambientalista, podendo aumentar a destruição ambiental, pôr em risco as populações que vivam nas áreas abrangidas pelas áreas de interesse e contribuir para abalar a imagem do Brasil no exterior.

No caso, trata-se do Projeto de Lei nº 3.729/2004 que, em apertada síntese, suavizará a lei de licenciamento ambiental com institutos como a simplificação de alguns processos, as dispensas de licenciamentos para certas hipóteses e a autodeclaração.

No entanto, como é cediço, qualquer mudança ambiental acarreta preocupações globais, já que as consequências afetam pessoas em todo o mundo.

Isso promove o surgimento de temas como sustentabilidade, exploração consciente, dentre outros.

Relativamente à Amazônia, por ser uma enorme região de vegetação densa, por ter muitas espécies vegetais e animais e por ter várias riquezas naturais, tais como ouro, bauxita, entre outros, sempre foi palco de um eterno conflito entre a exploração e a conservação ambiental.

Por isso, observa-se atuação em conjunto do governo brasileiro, de pesquisadores, de empresários e de organizações da sociedade civil para implementar ideias de exploração consciente e/ou menos poluentes e danificadoras.

Exemplificativamente, cita-se o Programa PETROBRAS Socioambiental, um projeto que compõe a política de responsabilidade social e de sustentabilidade desenvolvidos pela PETROBRAS (Petróleo Brasileiro S/A), fazendo parte do Plano Estratégico 2021-2025 com investimentos direcionados para a restauração florestal.

A própria Constituição Federal de 1988 (CF/88) dispõe acerca de alguns princípios que a ordem econômica deve observar, dentre eles está o princípio da defesa do meio ambiente (art. 170, inciso VI). Já em seu artigo 225, determina que é um direito de todos ter o meio ambiente ecologicamente equilibrado, impondo também a todos o dever de defesa e de preservação para as gerações presentes e futuras, sendo considerado bem de uso comum do povo e essencial à qualidade de vida. Isso também é um reflexo de ser uma constituição social, pois as anteriores não mencionavam acerca de proteção ambiental.

Pela noção civilista, bem de uso comum do povo ou bem de domínio público pode ser entendido como bem destinado à utilização geral, sem distinção entre os usuários e sem necessidade de permissão ou de autorização estatal (art. 99, I, Código Civil Brasileiro).

Desse modo, verifica-se que o bem ambiental pode ser analisado sob as óticas do Direito Civil, do Constitucional, do Administrativo e do Ambiental.

Há uma definição legal para meio ambiente, contida no artigo 3º, inciso I, da mencionada Lei nº 6.938/81, definindo-o como um conjunto formado por condições, leis, influências e interações de ordens física, química e biológica, abrangendo todas as formas de vida. Apesar de já existirem nesse período algumas outras leis brasileiras ambientais (Código de Águas, Código Florestal, entre outras), esta lei é considerada a precursora do Direito Ambiental no Brasil, especialmente pelo fato de regulamentar o meio ambiente como um todo e não de forma fragmentada como ocorria até então.

Referente à Amazônia, o atual governo brasileiro busca mostrar aos investidores internacionais seu compromisso com a sustentabilidade e, para isso, se vale da bioeconomia, que é o uso sustentável de recursos biológicos, aliando fatores como preservação, crescimento e inclusão. Recentemente, houve vários debates no Fórum de Sustentabilidade Econômica da Amazônia em outubro de 2021 em Dubai, nos Emirados Árabes, no qual o Brasil se empenhou em mostrar que é um país sustentável para atrair a atenção da iniciativa privada.

Entretanto, internamente, verifica-se que essa sustentabilidade defendida em busca de investimentos está longe da realidade na região amazônica decorrente de vários aspectos como falta de fiscalização e diminuição dos recursos governamentais relativos à preservação ou conservação ambiental.

Pondera-se que há algumas atividades que podem revelar essa contradição como o garimpo e a atividade das mineradoras.

Sinteticamente, menciona-se que o garimpo, constituindo extração mineral rudimentar, ocorre em sua maior parte como atividade ilegal. Gera muitos problemas na região porque os garimpeiros invadem qualquer terra que possam extrair minerais nobres e semi nobres, muitas vezes fazendo uso da violência e não se importando em ocupar terras públicas ou reservas indígenas, gerando insegurança, intimidação e medo no local. Além disso, utilizam substâncias poluentes, principalmente na extração do ouro, como, por exemplo, o mercúrio, cuja toxicidade contamina desde os próprios garimpeiros até os rios e fauna locais.

Quanto à mineração, que consiste em extração, lavra e beneficiamento de minérios de forma industrial, além de ser poluente como a garimpagem, também é responsável pelo avanço do desmatamento na região e pelas queimadas na área.

Infelizmente, a vasta extensão amazônica favorece a ilegalidade e a clandestinidade dessas e de outras atividades econômicas cujas consequências desfavoráveis muitas vezes só podem ser vistas por satélites, são os "clarões" na mata e as "nuvens de fumaça".

PAÍSES DA BACIA AMAZÔNICA E RELAÇÕES INTERNACIONAIS

Em 1978, foi assinado o Tratado de Cooperação Amazônico (TCA), aprovado pelo Decreto Legislativo nº 69/78 e promulgado pelo Decreto nº 85.050/80 no Brasil, entre oito dos países amazônicos, a saber: Brasil, Bolívia, Colômbia, Equador, Guiana, Peru, Suriname e Venezuela.

Os aludidos países decidiram firmar tal tratado por enfrentarem mesmas questões ou problemas decorrentes da dimensão territorial amazônica, caracterizando sua atuação individual como dificultosa ou ineficaz e incentivando o interesse complementar ou cooperativo.

Originou a Organização do Tratado de Cooperação Amazônica (OTCA), criada para reforçar e executar seus objetivos. Trata-se de uma organização permanente e intergovernamental, sediada em Brasília, reconhecida internacionalmente, com uma Secretaria Permanente. Dispõe de várias dimensões de atuação na região: política, diplomática, técnica e estratégica.

Defendeu a promoção do desenvolvimento harmonioso e integrado da bacia amazônica, com o emprego de esforços tanto nos seus respectivos territórios quanto entre si, a distribuição equitativa de seus benefícios e a melhoria da qualidade de vida dos seus povos, primando pelo equilíbrio entre o crescimento econômico e a preservação ambiental bem como pela racional utilização e conservação de seus recursos naturais.

As partes signatárias se comprometeram, em especial, a desenvolver ações conjuntas num processo contínuo de cooperação, de promoção de pesquisas científicas, de compartilhamento de informações e pessoal técnico, de melhoria das condições sanitárias regionais, de prevenção e combate às epidemias, de fortalecimento dos transportes e das comunicações para integração dos territórios e suas economias, de retificação de acordos e de difusão de operações locais além da utilização de instrumentos jurídicos necessários para tal, mas com a devida observância da soberania como, por exemplo, ao garantir que cada território faça uso e aproveitamento dos seus recursos naturais com exclusividade. No caso, o TCA assegura liberdade de navegação comercial, excluindo a de cabotagem, empreendendo esforços nacionais, bilaterais e/ou multilaterais para melhoria das vias navegáveis, entre outras medidas.

A Agenda 2030 é estratégia integrante da OTCA, entre outros acordos internacionais, para o desenvolvimento sustentável. É um compromisso assumido pelo Brasil e mais 192 (cento e noventa e dois) países, objetivando erradicar a pobreza e fomentar desenvolvimento social, econômico e ambiental a nível mundial.

Há alguns anos, ressalta-se a sugestão de uma proposta ambiental pelo Fundador e Presidente da Fundação Gaia Amazonas, Martín von Hildebrand, para a criação de um corredor ecológico transnacional, que englobaria os Andes, o Atlântico e a Amazônia, conhecido como o Corredor Andes-Amazônia-Atlântico cujas iniciais deram origem às denominações AAA, Triplo A, Caminho da Anaconda ou Corredor AAA. Abrangeria terras indígenas e áreas protegidas legalmente.

A Fundação Gaia Amazonas nasceu em 1987, com sede em Bogotá, na Colômbia, buscando alternativas para a construção do desenvolvimento social sustentável na Amazônia.

O objetivo do Triplo A é o combate às mudanças climáticas e a preservação e conservação do meio ambiente. Enfrenta, porém, muitos entraves tanto relativos à burocracia quanto relativos à vontade política. Isso se torna compreensivo, afinal, por ser proposta transnacional, necessitaria de acordos e consensos entre governos diferentes para ser implementado. Outrossim, devem ser considerados fatores sociais e econômicos além dos fatores político e ambiental.

Inicialmente apresentada de forma não oficial ao governo brasileiro, através de Organizações Não Governamentais (ONGs), a proposta não recebeu acolhida desde 2015. Na atualidade, não recebe aprovação governamental brasileira por ser considerada uma ameaça à soberania nacional.

Há defensores e opositores dessa proposta tanto em âmbito nacional quanto internacional. Estes argumentam que isso facilitaria que outros países controlassem a Amazônia. Por outro lado, aqueles justificam almejar a cooperação entre membros da sociedade e os governos, com esforços conjuntos para preservar a floresta, para respeitar povos lá habitantes e para desenvolver a sustentabilidade.

Aliás, já houve tentativas governamentais até na limitação da atuação de ONGs na Amazônia pelo Conselho Nacional da Amazônia Legal, por defender que violariam interesses nacionais. Por seu turno, várias dessas organizações brasileiras subscreveram uma carta de repúdio, intitulada "Garantir a Liberdade das ONGs é defender o interesse nacional", em novembro de 2020, aduzindo que a intenção governamental seria limitar a participação da sociedade civil em questões públicas, retratando um claro antagonismo entre governo e ONGs.

O Papa Francisco defendeu, no documento final do Sínodo da Amazônia, que a solução para os desastres ambientais não estaria na internacionalização, que a atuação de ONGs lá seria necessária e que a responsabilidade dos governos é grande.

O sínodo é uma assembleia reunida e presidida por uma autoridade eclesiástica para discutir temas globais e traçar estratégias. A finalidade é trocar informações e experiências.

Realizado no Vaticano em 2019 pela Igreja Católica e presidido pelo Papa Francisco, contou com a participação de bispos, pastores, missionários, representantes dos povos indígenas, de quilombolas e da sociedade, além da população ribeirinha e da mídia internacional. Teve como tema "Amazônia: novos caminhos para a Igreja e para uma ecologia integral".

Defendeu uma política direcionada à população amazônica vulnerável, indo além, ao expor diferentes temas ao longo de seus 05 (cinco) capítulos: integral, pastoral, cultural, ecológico e sinodal.

Inicialmente, no Capítulo I, tal documento debate sobre a conversão integral já que a Amazônia se caracteriza pelo multiculturalismo e pela multietnicidade.

Quanto à conversão pastoral, mencionada no Capítulo II, sugere que haja, pelo menos, um posto missionário em cada um dos países amazônicos, instalados pelas congregações religiosas mundiais, com atuação ecumênica e inter-religiosa, com o conhecimento e o estudo das religiões indígenas e dos cultos afrodescendentes, além de incentivar a evangelização pelos próprios amazônicos através de uma pastoral indígena e sugerir a criação de um ministério juvenil. Centrado no tema família, aconselha que as políticas públicas devam visar à melhoria da qualidade de vida da população rural, evitando seu deslocamento para as cidades, sem esquecer os problemas enfrentados nas periferias urbanas.

O Capítulo III destaca a valorização das expressões indígenas, a enculturação e a interculturalidade como pontos relevantes para a devida conversão cultural. Pondera que a defesa da terra equivale à defesa da vida, com respeito às populações indígenas em isolamento voluntário e às em isolamento em contato inicial, com a Igreja assistindo à saúde nas localidades em que a ação estatal não é promovida. Menciona o respeito ao conhecimento e à medicina ancestral de cada povo.

No Capítulo IV, frisa na conexão entre ecologia integral e conversão ecológica, buscando um desenvolvimento justo, solidário, inclusivo e sustentável, com respeito aos direitos humanos, combinando conhecimentos científicos e tradicionais. Reforça a aliança da Igreja com os povos amazônicos e condena todas as formas de biopirataria. Intensifica a defesa à vida desde a sua concepção até seu fim. Apresenta a proposta de criação de um fundo mundial para a proteção das comunidades amazônicas dos desejos predatórios de empresas nacionais e de multinacionais. Aponta a necessidade urgente de políticas energéticas e de produção de energia limpa e acesso à água potável.

E, por fim, o Capítulo V, relativo à conversão sinodal, é marcado por alguns temas como descentralização da sinodalidade, incentivo à participação e consulta das mulheres, formação, promoção e apoio a diaconatos permanentes, recomendação de que os centros de formação de sacerdotes sejam inseridos na realidade amazônica, além de elaboração de um rito amazônico que observe características amazônicas como o patrimônio litúrgico, o teológico, o disciplinar e o espiritual.

No ano 2019, foi celebrado, ainda, o Pacto de Letícia pela Amazônia entre Brasil e mais 06 (cinco) países amazônicos (Bolívia, Colômbia, Equador, Guiana, Peru, Suriname). Foram propostos 16 (dezesseis) pontos de colaboração, entre os quais se destacam combate ao desmatamento, a restauração da floresta, as ações de fortalecimento dos povos indígenas, entre outros. Críticos o consideram um mero protocolo de intenções entres esses sete países já que não haveria clareza em ações nem em metas para realizar esses pontos.

Ainda em 2019, o Presidente francês, Emmanuel Jean-Michel Fréderic Macron (Emmanuel Macron) colocou a Amazônia como tema de uma das reuniões do G-7 (Grupo dos Sete), ao sugerir que esta deveria receber um status internacional e ser considerada patrimônio mundial, fato que desencadeou uma crise diplomática entre os Chefes de Estado do Brasil e da França.

O G-7 é um grupo formado desde 1977 pelos sete países mais desenvolvidos e industrializados do mundo (Alemanha, Canadá, Estados Unidos, França, Itália, Japão e Reino Unido). Pela influência desses países, o grupo se reúne para debater acerca de questões econômicas, de segurança, militares, de meio ambiente, de comércio, entre outras.

SOBERANIA NACIONAL

A soberania é um dos fundamentos da República Federativa do Brasil, sendo também um dos princípios da ordem econômica (arts. 1º, I e 170, I, CF/88). Caracteriza-se pela supremacia interna e pela independência nas relações externas.

No caso brasileiro, a União Federal é quem representa a soberania nacional. O Brasil é, pois, um país soberano, com autonomia política e decisória bem como livre para defender seus interesses nacionais.

Historicamente, como fruto das disputas entre Portugal e Espanha, o Brasil herdou uma certa animosidade com os países vizinhos, tornando as primeiras relações diplomáticas mais distantes e afastando a cooperação entre países amazônicos.

Na década de 70, influenciado pelo militarismo dos governos na região, o Brasil se aproxima dos demais países amazônicos justamente para afirmar a soberania de cada um deles sobre suas respectivas áreas integrantes da Amazônia.

O Brasil sempre teve por foco a soberania e a defesa da territorialidade na Amazônia. Isso ficou evidenciado durante os governos militares brasileiros e também na estratégia de projetos de alguns ministérios como o da Defesa.

Assim, a soberania brasileira se desenvolveu de várias formas e com diferentes objetivos com o passar dos anos. De início, relativa a questões de fronteira, depois ligada à defesa militar e à segurança, tendo servindo até de abrigo para tropas militares aliadas como foi o caso dos americanos durante a Segunda Guerra Mundial.

Tecnicamente, tendo em vista a grande extensão da Floresta Amazônica, não se pode falar na literalidade da soberania de um país já que ela faz parte de vários.

Isso acarreta conflitos entre os próprios Estados com base na contradição entre suas soberanias, seus interesses internos e a adequação ao constitucionalismo globalizado, esbarrando em questões essenciais como a atuação ou a vontade política e a autonomia. Sem contar com os constantes relatos de práticas de espionagem na região, de invasões e da continuidade da biopirataria.

Sob a seara do Direito Internacional, a soberania passa a ser vista sob óticas diferentes ao serem considerados também âmbitos de atuação diferentes como o nacional e o internacional. Internamente, a soberania é o poder supremo do Estado sobre seus governados, isto é, a vontade estatal predomina sobre a vontade individual dentro de um certo território. É ilimitado. Já, externamente, retrata a igualdade de Estados nas relações internacionais. É limitada.

Economicamente, nenhum país, por mais rico ou industrializado que seja, consegue se manter assim sem realizar relações comerciais com outros países. Ou seja, não há como ter uma soberania absoluta e ilimitada pela própria necessidade de inter-relação entre os países, por terem interesses ou problemas em comum, o que não significa que se submeterão uns aos outros. Isso ocorre quando os países resolvem assinar acordos e tratados de cooperação como o referido TCA.

Nos dias atuais, ainda se acredita em conspirações internacionais, ameaças à integridade do território brasileiro, além de outras medidas drásticas creditadas a outros países para afastar a soberania brasileira na Amazônia. A exemplo disso, cita-se a tese de alguns destes de que a Amazônia não deveria ser considerada de certo país, mas sim um patrimônio da humanidade conforme a sugestão polêmica de Macron na famigerada reunião do G-7. Novamente, ressalta-se o impacto disso na citada atuação política de alguns governantes que aderem a discursos ultranacionalistas e confundem os significados de soberania no âmbito interno e externo.

INTERNACIONALIZAÇÃO DA AMAZÔNIA

Ford nunca visitou a região nem a cidade que criou na Floresta Amazônica, mas Vargas a visitou e visualizou um enorme potencial de investimento e exploração que botou em prática através dos citados acordos de Washington para que os Estados Unidos ajudassem no desenvolvimento e escoamento da produção não só de látex como de outros recursos por meio de criação de minas e de criação de outras alternativas de transporte como as ferrovias.

Diante do exposto, a ideia ou o próprio contexto de internacionalização da Amazônia já se concretizou há muitas décadas.

Isso é notório quando se verifica que a Amazônia sempre foi centro de interesse do capitalismo, com a exploração de recursos naturais, de mão de obra e de energia sendo incentivados pelo governo.

Isso até traz certa riqueza para a região, mas que fica concentrada nas mãos de poucos, com muitas desigualdades porque não traz mudanças na qualidade de vida de grande parte da população local.

A Amazônia nunca estará num consenso em nenhuma temática porque é uma região disputada e discutida por diversificados grupos locais, regionais, nacionais e transnacionais. Cada um desses grupos tem pontos de vista diferentes. As discussões giram em torno de vários temas antagônicos como a questão da etnicidade, de fronteiras e de soberania que se antagonizam mais ainda quanto às concepções ambientais, ecológicas, econômicas, políticas e de desenvolvimento.

Teoricamente, o mero status internacional não corresponde à automática autorização de intervenção ou controle total de outro país na soberania nacional. Já um processo real de internacionalização da Amazônia, que não observe a soberania brasileira e que envolva intervenção externa, não possui viabilidade jurídica atualmente.

REFERÊNCIAS

AMADO, Frederico. Direito Ambiental. Salvador: JusPodivm, oitava edição, 2020.

BRASIL. Constituição da República Federativa do Brasil de 1988. Disponível em <http://www.planalto.gov.br/ccivil_03/constituicao/constituicao.htm>. Acesso em: 10 out.2021.

BRASIL. Decreto nº 85.050, de 18 de agosto de 1980. Promulga o Tratado de Cooperação Amazônica, concluído entre os Governos República da Bolívia, da República Federativa do Brasil, da República da Colômbia, da República do Equador, da República Cooperativa da Guiana, da República do Peru, da República do Suriname e da República da Venezuela. Disponível em <https://www2.camara.leg.br/legin/fed/decret/1980-1987/decreto-85050-18-agosto-1980-434445-publicacaooriginal-1-pe.html>. Acesso em 31 out.2021.

BRASIL. Lei nº 6.938, de 31 de agosto de 1981. Dispõe sobre a Política Nacional do Meio Ambiente, seus fins e mecanismos de formulação e aplicação, e dá outras providências. Disponível em <http://www.planalto.gov.br/ccivil_03/leis/l6938.htm>. Acesso em 24 out.2021.

BRASIL. Lei nº 10.406, de 10 de janeiro de 2002. Institui o Código Civil. Disponível em <http://www.planalto.gov.br/ccivil_03/leis/2002/l10406compilada.htm>. Acesso em 29 out.2021.

BRASIL. Projeto de Lei nº 3.729/2004-Câmara dos Deputados. Dispõe sobre o licenciamento ambiental; regulamenta o inciso IV do § 1º do art. 225 da Constituição Federal; altera as Leis nº 9.605, de 12 de fevereiro de 1998, e 9.985, de 18 de julho de 2000; revoga dispositivo da Lei nº 7.6661, de 16 de maio de 1998; e dá outras providências. Disponível em <https://www.camara.leg.br/proposicoesWeb/prop_mostr

arintegra;jsessionid=node01jsske1xv0c014agbr8xzr7vk12411802.node0?codteor=225810&filename=PL+3729/2004>. Acesso em: 01 nov.2021.

FREITAS, Eduardo de. O garimpo na região Norte. Brasil Escola. Disponível em <https://brasilescola.uol.com.br/brasil/o-garimpo-na-regiao-norte.htm>. Acesso em 29 out.2021.

PADILHA, Rodrigo. Direito Constitucional. Rio de Janeiro: Método, sexta edição, 2020.

TARTUCE, Flávio. Manual de Direito Civil-Volume Único. São Paulo: Método, décima edição, 2020.

SECURITIZAÇÃO E O DISCURSO DO MEDO NO SÉCULO XXI

Autor:

Bruno Starcke Buzetti

A Teoria da Securitização foi desenvolvida pela Escola de Copenhague, fundada no ano de 1985, sob a liderança dos intelectuais Barry Buzan, Ole Waever e Jaap de Wilde, com o fim de promover estudos para a paz, sendo atualmente referência na área da segurança internacional.

A Escola adota uma perspectiva teórica mais abrangente que a tradicional, sustentando que as ameaças à segurança se originam não apenas do setor militar, mas também dos setores político, econômico, ambiental e societal. Assim, o setor militar é dominado pelas relações de força; o político pelas relações de autoridade e reconhecimento externo; o econômico pelas relações de comércio, produção e finanças; o societal pelas relações entre identidades coletivas; e o ambiental pelas relações entre as atividades humanas e a biosfera. Ademais, a Escola de Copenhague confere grande relevância aos aspectos regionais da segurança, sofisticando a análise das relações de segurança internacional, de modo a viabilizar investigações sobre a relação entre as variáveis domésticas e regionais e entre as variáveis regionais e internacionais. (Tanno, 2003)

Entretanto, provavelmente a maior contribuição da Escola de Copenhague tenha sido o desenvolvimento de uma nova forma de se enxergar a segurança, ou seja, como uma construção social centrada no discurso. Assim, questões políticas, econômicas, societais, ambientais e militares podem sofrer processos/ movimentos de "securitização" (eleva-se determinado problema ao todo da lista de prioridades da agenda de segurança, ao reconhecê-lo como uma ameaça existencial) ou "dessecuritização" (retira-se o problema do topo da lista de prioridades, por não mais reconhecê-lo como uma ameaça existencial).

Securitização, portanto, é "o processo discursivo pelo qual uma compreensão intersubjetiva é construída dentro de uma comunidade política para tratar algo como uma ameaça existencial a um objeto de referência e possibilitar a requisição de medidas urgentes e excepcionais para lidar com a ameaça" (Buzan & Waever, 2003, p. 491). Dessecuritização, por outro lado, é processo inverso.

É o discurso, com efeito, que movimenta determinado problema para cima e para baixo na lista de prioridades da agenda de segurança. Entretanto, para lograr êxito no processo de securitização (e elevar o problema ao topo da lista), o discurso deve estabelecer uma compreensão intersubjetiva entre o agente que o profere e declara a ameaça (agente securitizador) e os membros da comunidade política (audiência). Ademais, o agente securitizador deve lograr convencer a audiência de que um objeto muito importante está sob ameaça existencial (objeto de referência). Aliás, a Teoria da Securitização adota uma perspectiva abrangente, razão por que o objeto de referência pode ser um Estado, uma Nação, organizações, grupos sociais, indivíduos, etc. Frise-se, por fim, que o relevante no processo de securitização não é identificar se o discurso é verdadeiro ou falso, mas se ele é capaz de persuadir a audiência de que medidas urgentes e excepcionais devem ser adotadas, afim de que se proteja a sobrevivência do objeto ameaçado.

Ademais, pela Teoria, se o discurso não faz parte do debate público nem das decisões estatais, ele é identificado como "não politizado"; se faz parte da política pública, requerendo decisões governamentais e alocação de recursos ou alguma forma de governança comunal, ele passa a ser "politizado"; finalmente, se ele é reconhecido como uma ameaça existencial, justificando ações que vão além das fronteiras do procedimento político normal, ele se torna "securitizado". (Buzan, Waever & Wilde, 1998, p. 23 e 24)

Estabelecidas as balizas teóricas acima, analisaremos os principais casos de securitização do século XXI: a securitização do terrorismo, da imigração e da Covid-19. Demonstraremos que o medo é o fator preponderante no sucesso dos processos de securitização. Identificaremos empiricamente como a securitização bem-sucedida empodera o agente securitizador, mas não garante o sucesso na proteção do objeto anunciado como existencialmente ameaçado e ainda viabiliza o abuso de poder e a lesão a direitos. Por fim, demonstraremos porque o meio ambiente está cada vez mais próximo de ser securitizado.

SECURITIZAÇÃO DO TERRORISMO.

Logo no início do século XXI, mais precisamente no dia 11 de setembro de 2001, uma série de atentados terroristas foram orquestrados em território norte-americano. O caso foi acompanhado em tempo real pela imprensa no mundo todo e ficou conhecido como "os atentados de 11 de setembro". Conforme amplamente noticiado pela mídia, os atentados foram planejados e executados pelo grupo terrorista Al-Qaeda, sob a liderança de Osama Bin Laden, com o fim de atingir os maiores símbolos do poder econômico, político e militar dos Estados Unidos da América, respectivamente: as Torres Gêmeas (em Nova York), o Capitólio (em Washington D. C.) e o Pentágono (também em Washington D. C.). O plano foi arquitetado, supostamente, por Khalid Sheikh Mohammed e executado por 19 terroristas, que, passando-se por passageiros, embarcaram em quatro aeronaves de empresas aéreas norte-americanas, sequestraram-nas e desviaram suas rotas para os alvos previamente estabelecidos. O voo 11 da American Airlines atingiu a Torre Norte das Torres Gêmeas, às 8h46. Poucos minutos depois, às 9h03, o voo 175 da mesma empresa atingiu a Torre Sul. Às 9h37, o voo 77 também da American Airlines atingiu o Pentágono. O voo 93 da United Airlines foi o único que não chegou ao alvo (o Capitólio), porque os passageiros se rebelaram contra os terroristas, fazendo com que o avião fosse lançado na zona rural de Shanksville, no Estado da Pensilvânia, às 10h03. Às 9h59, a Torre Sul das Torres Gêmeas desmoronou e, às 10h28, a Torre Norte seguiu a mesma sorte. Os atentados resultaram em 2.996 mortes, sendo que 2.606 ocorreram na região das Torres Gêmeas, 125 no Pentágono e 246 nos aviões sequestrados (Gutierrez, 2021). Entretanto, certamente a consequência mais nefasta dos atentados foi a sensação de medo constante que se espalhou pela população norte-americana, que doravante se via vulnerável ao terrorismo moderno e desesperada por uma resposta firme e efetiva contra os responsáveis pelo ataque. (Barber, 2005, p. 29 e 30)

A ação do Presidente dos EUA, George W. Bush, foi rápida. Já nos primeiros dias após os atentados ele anuncia que o terrorismo representa uma ameaça aos cidadãos, à segurança nacional e à política externa dos Estados Unidos e, no 3º dia (14 de setembro), encaminha ao Congresso Nacional uma Resolução (Joint Resolution nº 23), com a íntegra do discurso securitizador da "guerra contra o terror", a fim de obter ampla autorização para o uso das Forças Armadas contra quem quer que ele entendesse como responsável pelos ataques contra os EUA. In verbis: (USA, 2001)

> *"Considerando que, em 11 de setembro de 2001, atos de violência traiçoeira foram cometidos contra os Estados Unidos e seus cidadãos; e*
>
> *Considerando que tais atos tornam necessário e apropriado que os Estados Unidos exerçam seus direitos de autodefesa e para proteger os cidadãos dos Estados Unidos em casa e no exterior; e*
>
> *Considerando que tais atos continuam a representar uma incomum e extraordinária ameaça à segurança nacional e à política externa dos Estados Unidos; e*
>
> *Considerando que o Presidente tem autoridade de acordo com a Constituição para tomar medidas para impedir e*

prevenir atos de terrorismo internacional contra os Estados Unidos:

Agora, portanto, seja resolvido pelo Senado e pela Casa dos Representantes dos Estados Unidos da América reunidos em Congresso:

(...)

Que o Presidente está autorizado a usar toda força necessária e apropriada contra as nações, organizações ou pessoas que ele determine que tenha planejado, autorizado, cometido ou ajudado nos ataques terroristas ocorridos em 11 de setembro de 2001 ou abrigado tais organizações ou pessoas, a fim de prevenir quaisquer futuros atos de terrorismo internacional contra os Estados Unidos por tais nações, organizações ou pessoas." (tradução livre)

O discurso obteve ampla aceitação do Congresso dos EUA, que o aprovou com ampla maioria de votos, transformando-o na Lei Pública nº 107-40 (Public Law nº 107-40), no dia 18 de setembro de 2001 (vigente até a atualidade).

Aqui, o processo de securitização foi extremamente bem sucedido.

Vamos à análise do caso.

Em primeiro lugar, os atentados terroristas de 11 de setembro de 2001 desencadearam uma onda de medo generalizado na população norte-americana, que doravante se via vulnerável e desesperada por uma resposta firme e efetiva.

Nesse contexto, o Presidente dos EUA assumiu o papel de agente securitizador e passou a sustentar o discurso da "guerra contra o terror", que apontava 3 objetos como existencialmente ameaçados: (1) a segurança nacional, (2) a política exterior e (3) os cidadãos norte-americanos. Defendia, ademais, como medida necessária ao combate à ameaça, o empoderamento dele próprio, com o excepcional poder de usar toda força necessária e apropriada contra nações, organizações ou pessoas que ele determinasse, caso entendesse que quaisquer delas tivesse planejado, autorizado, cometido ou ajudado nos ataques terroristas ocorridos em 11 de setembro de 2001 ou mesmo abrigado tais organizações ou pessoas.

Na ocasião, a mídia atuou como importante meio de influência sobre a comunidade política e a opinião pública em geral. Com efeito, ainda que a intenção da maior parte dos veículos de comunicação não fosse influenciar a opinião pública, mas apenas noticiar os fatos com imparcialidade, urge reconhecer que a intensa repetição das imagens dos ataques, alternadas com entrevistas carregadas de emoção de familiares das vítimas e os pronunciamentos do Presidente dos EUA, contribuíram sobremaneira para a rápida propagação do medo e a aderência da opinião pública ao discurso do agente securitizador.

Como visto, a compreensão intersubjetiva construída dentro da comunidade política (representada pelos membros do Senado e da Câmara, reunidos em Congresso) para tratar o terrorismo como uma ameaça existencial e possibilitar a requisição de medidas urgentes e excepcionais foi quase instantânea, entregando ao agente securitizador, em pouco dias, amplos poderes militares, que lhe permitiam fazer o uso de toda força necessária e apropriada contra nações, organizações ou pessoas que ele determinasse.

Frise-se que, até os atentados de 11 de setembro, o combate ao terrorismo estava longe de ser prioridade na agenda de segurança dos EUA. Aliás, no documentário Ponto de virada: 11/9 e a guerra contra o terror, produzido pela Netflix (2021), Dale Watson, Diretor Assistente Executivo do FBI, Departamento de Contraterrorismo e Contrainteligência, nos anos de 2001 e 2002, quando fala do combate ao terrorismo, antes dos atentados de 11 de setembro, afirma que "não havia ímpeto político; pessoas morriam em explosões, aviões eram sequestrados, mas tudo no exterior; havia poucas vítimas; eram cruéis, sangrentas, sem sentido, mas não eram uma questão de segurança nacional"; "as prioridades eram armas, drogas, direitos civis, proteção de prisioneiros"; "o terrorismo escapuliu, acho que foi a décima quinta prioridade" (Ep. 3, 21:00 a 21:40) (tradução livre).

Com efeito, até o dia 11 de setembro de 2001, o combate ao terrorismo até fazia parte da agenda política dos EUA (estava politizado), mas foi a partir do pânico generalizado causado pelos atentados e do desejo desesperado por uma resposta imediata e efetiva contra os responsáveis que a questão ingressou no topo da agenda de segurança nacional (foi securitizada), abrindo ampla margem para a adoção de medidas excepcionais para o combate à ameaça existencial anunciada no discurso securitizador.

As consequências são conhecidas: (1) ocupação do Afeganistão (entre os anos de 2001 e 2021), (2) guerra do Iraque (de 2003 a 2011) e (3) uma série de violações a direitos humanos, a pretexto de combater e prevenir futuros atos terroristas, a exemplo das torturas perpetradas na Prisão de Guantánamo (Presse, 2021).

É sempre bom destacar que o sucesso do processo de securitização não se confunde necessariamente com o sucesso na proteção do objeto que ele evoca como existencialmente ameaçado. A título de exemplo, quando os EUA iniciaram a ocupação do Afeganistão, a meta anunciada era desmantelar a Al-Qaeda (grupo terrorista responsabilizado pelos atentados de 11 de setembro), capturar seu líder Osama Bin Laden e derrubar o grupo político Talibã (que estava no Poder do Afeganistão e abrigava membros do grupo terrorista Al-Qaeda). Entretanto, após quase 20 anos de ocupação sangrenta, que causou mais de 120.000 mortes (cerca de 66.000 militares e policiais afegãos, 47.000 civis, 2.500 soldados norte-americanos, quase 4.000 terceirizados, mais de 1.000 aliados da OTAN, 444 pessoas que trabalhavam em organizações humanitárias e 72 jornalistas), o Governo norte-americano celebrou um acordo de desocupação do Afeganistão, não com o governo local, mas com o Talibã, que em pouco tempo reassumiu o poder daquele país. A Al-Qaeda foi enfraquecida, mas outros grupos terroristas ainda mais organizados e violentos, como o autodenominado "Estado Islâmico", surgiram das sombras das intervenções dos EUA e seus aliados no Oriente Médio (Gutierrez, 2021). Por fim, Osama Bin Laden foi declarado morto, no dia 2 de maio de 2011, pelas tropas norte-americanas no Paquistão (CNN Brasil, 2021). Todavia, nenhuma prova concreta a respeito foi apresentada. Ademais, sob o argumento de que o Iraque estaria abrigando membros do grupo terrorista Al-Qaeda no seu território e produzindo armamento de destruição em massa, o Presidente dos EUA passou por cima da determinação contrária do Conselho de Segurança da ONU e declarou guerra contra aquele país. O confronto teve início no dia 20 de março de 2003. Estima-se que o número de civis mortos em razão do confronto tenha sido entre 184.000 e 207.000. Ao final, todavia, constatou-se que o Iraque não tinha armas de destruição em massa e a ligação com o grupo Al-Qaeda jamais foi comprovado. Por fim, a Prisão de Guantánamo, referência no desrespeito a direitos humanos, chegou a abrigar 780 suspeitos de participação em grupos terroristas, os quais eram submetidos às chamadas "técnicas aprimoradas de interrogatório", que na prática envolviam o uso de violência e tortura, com o fim de obter informações. Entretanto, após 20 anos de funcionamento, apenas dois de seus detentos foram efetivamente condenados. (Presse, 2021)

Com efeito, a lição que se tira é que o sucesso do processo de securitização está diretamente relacionado com a intensidade do medo associado ao evento desencadeador da ameaça existencial anunciada no discurso securitizador; bem como que a securitização bem-sucedida empodera o agente securitizador, permitindo-lhe a requisição de medidas urgentes e excepcionais para lidar com a anunciada ameaça existencial, mas não garante o sucesso na proteção do objeto de referência e ainda viabiliza abusos de poder e desrespeito a direitos humanos.

SECURITIZAÇÃO DA IMIGRAÇÃO

A questão migratória faz parte da agenda política de qualquer Estado. Entretanto, nos últimos anos, discursos apontando a imigração como questão de segurança nacional tem se proliferado rapidamente, a ponto de definir eleições e modificar a política externa das maiores potências mundiais. Basta lembrarmos das eleições presidenciais dos EUA, no ano de 2016, quando o candidato eleito Donald Trump atribuiu aos imigrantes grande parte dos problemas socioeconômicos dos EUA e defendeu enfaticamente a construção de um muro na fronteira com o México, sob o argumento de que "quando o México manda gente para os EUA, eles não estão mandando os melhores (...), eles estão mandando pessoas que têm problemas e estão trazendo esses problemas para nós. Eles estão trazendo drogas, estão trazendo crime, estão trazendo estupradores, e, algumas, presumo, são boas pessoas" (Presse, 2016). Trump, aliás, passou todo seu mandato construindo esse muro, que custou aos cofres públicos aproximadamente US$ 15 bilhões (BBC News, 2021).

Entretanto, é na Europa que a securitização da imigração é mais evidente.

Com efeito, o problema da imigração no contexto europeu transcende preocupações econômicas e de soberania estatal, atingindo sobremaneira questões de identidade cultural e segurança nacional. Há uma fusão entre as esferas políticas e sociais, caracterizando a imigração como um problema de segurança política, societal e econômica. Com efeito, a maior parte dos imigrantes europeus vêm de países do norte da África e do Oriente Médio, com uma bagagem cultural densa e, em grande parte, distinta da cultura europeia tradicional. Para tornar a questão ainda mais complexa, em razão dos atentados de 11 de setembro nos EUA e de uma série de novos atentados em território europeu, perpetrados por uma minoria jihadista, o terrorismo é frequentemente associado à população imigrante e seus descendentes. Não bastasse, com a crise dos refugiados sírios, no ano de 2015, centenas de milhares de pessoas desabrigadas (a maioria de cultura islâmica), fugindo da guerra civil que assolava a Síria, buscaram refúgio na Europa, intensificando ainda mais os debates em torno da imigração no continente. Nesse cenário de medo e descontentamento com questões econômicas, políticas e sociais por parte do povo europeu, discursos contra imigração ganharam força. Aliás, a questão imigratória foi central no debate acerca do Brexit (saída do Reino Unido da União Europeia). Invocando questões de identidade nacional e cultural, setores favoráveis à saída da União Europeia se utilizaram desse discurso em seus argumentos. Foi difundido que a permanência no bloco impedia o controle do número de pessoas que ingressavam no país e que os impactos da imigração seriam terríveis e incontroláveis no futuro.

Façamos, então, uma análise mais detalhada da situação no Reino Unido.

O resultado da expansão da União Europeia para o leste europeu aumentou o fluxo migratório na Europa. Esse fator, associado ao advento da crise dos refugiados e ao terrorismo jihadista de fundamentalistas islâmicos, acentuou a sensação de insegurança e as contradições sociais e econômicas no Reino Unido, o que serviu como terreno fértil para que o debate em torno da questão migratória estivesse no centro das discussões acerca da permanência do país no bloco europeu e, sobretudo, na resposta que o Reino Unido deveria dar frente a estes novos desafios. Surge, então, a campanha "Vote Leave" (vote na saída), iniciada em outubro de 2015, sob a liderança de uma organização não governamental composta por membros do parlamento britânico e entidades da sociedade civil. Os principais envolvidos na campanha foram as entidades Conservatives for Britain (Conservadores para a Grã-Bretanha), Business for Britain (Negócios para a Grã-Bretanha), Students for Britain (Estudantes para a Grã-Bretanha), Economics for Britain (Economistas para a Grã-Bretanha), Historians for Britain (Historiadores para a Grã-Bretanha), bem como políticos do Partido Conservador (com destaque a Boris Johnson, atual Primeiro Ministro do Reino Unido), do Partido de Independência do Reino Unido (UKIP) e do Partido dos Trabalhadores[1], os quais ocupam boa parte do parlamento do Reino Unido e exercem forte influência na mediação dos debates atuais na sociedade britânica. (Hoff et. al., 2017, p. 77)

O discurso adotado pela campanha permanece disponível na internet[2], in verbis:

_____

1   A lista completa dos membros e apoiadores da organização está disponível no site http://www.voteleavetakecontrol.org/campaign.html. Acessado no dia 10 de outubro de 2021.

2   O discurso está disponível no site http://www.voteleavetakecontrol.org/why_vote_leave.html. Acessado no dia 10 de outubro de 2021.

"A UE (União Europeia) está se expandindo. A Turquia (país mais pobre e de cultura predominantemente mulçumana) é um dos CINCO novos países que aderiram à UE. A UE já nos custa £ 350 milhões por semana. O suficiente para construir um novo hospital do NHS todas as semanas. Recebemos menos da metade desse valor e não temos nenhuma palavra a dizer sobre como é gasto. A imigração continuará fora de controle. Quase 2 milhões de pessoas vieram da UE para o Reino Unido nos últimos dez anos. Imagine como será nas décadas futuras, quando novos países mais pobres aderirem. Teremos que continuar resgatando o Euro. Os países que usam Euro já têm uma maioria incorporada, o que significa que sempre podem nos superar em votos. Você estará pagando a conta pelo fracasso do Euro. O Tribunal Europeu ainda será responsável por nossas leis. Ele já nos prevalece sobre tudo, desde quanto de imposto pagamos, até quem podemos deixar entrar em nossa parte do país, e em que termos. Se votarmos para sair da UE: Seremos capazes de economizar £ 350 milhões por semana. Podemos gastar nosso dinheiro em nossas prioridades, como o nosso NHS, escolas e habitação. Estaremos no comando de nossas próprias fronteiras. Em um mundo com tantas novas ameaças, é mais seguro controlar nossas próprias fronteiras e decidir nós mesmos quem pode entrar neste país, e não ser anulado por juízes da UE. Podemos controlar a imigração. Um sistema mais justo que acolhe pessoas no Reino Unido com base nas habilidades que possuem, não no passaporte que possuem. Estaremos livres para negociar com o mundo inteiro. A UE nos impede de assinar nossos próprios acordos comerciais com aliados importantes como Austrália ou Nova Zelândia, economias em crescimento como Índia, China e Brasil. Estaremos livres para aproveitar novas oportunidades, o que significa mais empregos. Podemos fazer nossas próprias leis. Nossas leis devem ser feitas por pessoas que podemos

Aliás, em uma das peças publicitárias da campanha, cita-se uma afirmação atribuída a Ronald K. Noble, ex-integrante da cúpula da Interpol, nos seguintes termos: "o acordo europeu de fronteira aberta... é efetivamente um passaporte internacional de zona livre para terroristas e isso é como pendurar uma placa de boas-vindas a terroristas para a Europa". Ao final, a peça conclui: "Votar para permanecer na União Europeia é uma ameaça a nossos empregos e para a nossa segurança"[3] (tradução livre).

A campanha foi bem-sucedida e, no dia 23 de junho de 2016, os cidadãos estabeleceram uma maioria de 51,9%, aprovando em Plebiscito a saída do Reino Unido da União Europeia. Com o resultado, David Cameron, Primeiro Ministro do Reino Unido, desde o ano de 2010, foi obrigado a deixar o cargo. Theresa May, uma das defensoras do Brexit, líder do Partido Conservador, assumiu o cargo de Primeira Ministra do Reino Unido, no dia 13 de julho de 2016. No mesmo dia, o político Boris Johnson, um dos principais membros da Organização "Vote Leave", foi nomeado Secretário de Estado do Reino Unido para Assuntos Externos. Em março de 2017, o Reino Unido notificou oficialmente a União Europeia acerca da retirada. Finalmente, após três tentativas frustradas de aprovar um acordo de transição para a retirada, Theresa May entrega o cargo, no dia 24 de julho de 2019. Boris Johnson, então, assume o cargo de Primeiro Ministro do Reino Unido, onde permanece até hoje.

Vamos à análise da securitização da imigração no Reino Unido.

No contexto do Brexit, agentes securitizadores e entidades da sociedade civil se uniram em uma organização não governamental para coordenarem uma campanha de retirada do Reino Unido da União Europeia. Como visto,

---

3   A peça publicitária também está disponível na página http://www. voteleavetakecontrol.org/why_vote_leave.html. Acessada no dia 10 de outubro de 2021.

o discurso abordou questões políticas, econômicas e societais. Entretanto, a securitização da imigração foi o ponto central do discurso, ao tratar os imigrantes, com destaque aos oriundos de países mais pobres e de cultura islâmica, como uma ameaça existencial. Aliás, novamente o medo e a sensação de insegurança em relação ao terrorismo são exaltados como estratégia de convencimento da opinião pública.

Nesse processo de securitização é possível indicar como agentes securitizadores: (1) membros do Partido de Independência do Reino Unido (UKIP), (2) do Partido dos Trabalhadores e (3) do Partido Conservador, com destaque a Boris Johnson, atual Primeiro Ministro do Reino Unido.

É preciso destacar também como importantes atores de influência sobre a opinião dos cidadãos do Reino Unido as entidades civis Conservatives for Britain (Conservadores para a Grã-Bretanha), Business for Britain (Negócios para a Grã-Bretanha), Students for Britain (Estudantes para a Grã-Bretanha), Economics for Britain (Economistas para a Grã-Bretanha), Historians for Britain (Historiadores para a Grã-Bretanha). Necessário também acrescentar como importante agente de influência a Think Tank Civitas, entidade da sociedade civil destacada na publicação de artigos anti-imigração, com destaque às obras O ocidente, o islã e o islamismo: o islamismo ideológico é compatível com a democracia liberal? (2003); A pobreza do multiculturalismo (2005); Uma nação de imigrantes? (2007); e Os custos e benefícios da imigração em grande escala: explorando as consequências econômicas e demográficas para o Reino Unido (2015) (Hoff, 2018, p. 39).

Os objetos de referência defendidos no discurso foram: (1) a segurança nacional, (2) a identidade cultural, (3) a economia local, (4) o comércio externo e (5) a soberania do Reino Unido.

Nesse momento histórico do Reino Unido, a questão da imigração, que já vinha subindo na agenda política de prioridades, saltou ao topo, consagrando o discurso securitizador.

As consequências foram: (1) o empoderamento dos políticos do Reino Unido que se aliaram na defesa e propagação do discurso securitizador e do

Brexit, com destaque a Boris Johnson, que imediatamente ascendeu ao cargo de Secretário de Estado do Reino Unido para Assuntos Externos e, no dia 24 de julho de 2019, foi eleito Primeiro Ministro daquele país; (2) a mudança da política externa (e interna) do Reino Unido, para a concretização da saída da União Europeia; (3) o recrudescimento das regras migratórias; (4) a restrição da circulação entre o território do Reino Unido e dos países que integram a União Europeia; (5) o aumento das burocracias alfandegárias; e (6) a obrigação imposta ao Reino Unido de pagar a quantia de R$ 170 bilhões à União Europeia como indenização pela retirada do bloco europeu (BBC News, 2020). Ademais, a afirmação de que o Reino Unido economizaria £ 350 milhões por semana revelou-se falsa (Presse, 2019). Por fim, até o momento, não é possível afirmar que o Reino Unido está mais seguro e, menos ainda, que os avanços socioeconômicos anunciados pela campanha "Vote Leave" ocorreram. Aliás, com as novas regras migratórias, o Reino Unido perdeu cerca de 100 mil motoristas de veículos de cargas pesadas e, sem a força de trabalho imigrante, não consegue suprir a atividade com mão de obra local, o que gerou uma séria crise de abastecimento de combustíveis, alimentos e bebidas no país, culminando em problemas socioeconômicos antes inexistentes.

SECURITIZAÇÃO DA COVID-19

A securitização da saúde pública não é novidade no século XXI. Com efeito, processos de securitização tornaram-se comuns na literatura global de saúde, especialmente durante os grandes surtos de HIV/SIDA (Síndrome da Imunodeficiência Adquirida), SARS/SRAG (Síndrome Respiratória Aguda Grave), Gripe Aviária (H5N1), Ebola e Zika (Duarte & Valença, 2021, p. 240). Entretanto, a atual pandemia de Covid-19 é certamente a mais grave dos últimos 100 anos e não tardou a ser reconhecida como uma ameaça existencial de abrangência mundial. Aliás, no dia 9 de abril de 2020, o Secretário-Geral da ONU, António Guterres, ao discursar ao Conselho de Segurança, afirmou que "Embora a pandemia de COVID-19 seja antes de mais nada uma crise de saúde, suas implicações são muito mais abrangentes", ela produz "desastrosos impactos sociais e econômicos" e "também representa uma ameaça significativa para a manutenção da paz e segurança internacionais" (ONU, 2020).

O que é especialmente triste no tocante à securitização da saúde pública é que ela é, em grande parte, fruto da desatenção das autoridades políticas competentes aos alertas insistentemente publicados pela comunidade científica especializada. Ou seja, mesmo havendo conhecimento científico suficiente, perde-se a oportunidade de resolver a questão ainda no âmbito da política sanitária preventiva (Castro & Santos, 2020), viabilizando o desenvolvimento de patógenos e a propagação de doenças perigosas à saúde pública de forma descontrolada, especialmente quando se tratam de doenças infecciosas que rapidamente se transmitem a grandes massas de pessoas, como as causadas por vírus influenza, ebola, zika, corona, dentre vários outros patógenos conhecidos e desconhecidos pela ciência atual[4] (Buzetti, in press), a ponto de a securitização se tornar inevitável.

Aliás, pela ciência atual é possível identificar a principal causa de doenças com potencial pandêmico: patógenos zoonóticos (de origem animal) adaptados a humanos, em razão de interações abusivas destes para com a biodiversidade, seja por meio do desmatamento desregrado de florestas (aumentando a interação entre humanos e novos vetores de doenças), seja pelo processo de caça, confinamento e abate de animais em massa (verdadeiras fábricas de novos patógenos zoonóticos), com destaque a aves, suínos, bovinos

---

4   Atualmente, patógenos que se propagam e infectam humanos pelo ar, com destaque aos relacionados a doenças respiratórias graves (ex.: vírus zoonóticos Influenza A e Corona), representam um permanente risco à saúde pública mundial e uma janela aberta para futuras pandemias globais. Com efeito, as intensas aglomerações de pessoas, comuns nos centros urbanos, somada à facilidade de se cruzar o mundo em poucas horas, no interior de veículos igualmente sujeitos a aglomerações, compõem o ambiente perfeito para a propagação em larga escala desses microrganismos. (Buzetti, in press)

e morcegos[5]. Ou seja, enquanto essas questões não forem tratadas de forma responsável pelas autoridades competentes no âmbito das políticas sanitárias, tanto em nível nacional quanto internacional, a Covid-19 não será a última, mas apenas mais uma pandemia na história da humanidade.

A título de contextualização histórica, o coronavírus "Sars-CoV-2" começou a infectar humanos, provavelmente, no último trimestre de 2019 (WHO, 2020). O primeiro caso de hospitalização registrado ocorreu na China, no dia 8 de dezembro de 2019. Em 31 de dezembro do mesmo ano, a China reportou à Organização Mundial de Saúde casos de uma grave pneumonia de origem desconhecida em Wuhan, na província de Hubei. Em 9 de janeiro de 2020, ocorreu na China a primeira morte registrada por essa nova doença. Em 20 de janeiro, autoridades sanitárias chinesas anunciaram que o novo vírus poderia ser transmitido entre humanos; dia em que o país também registrou um brusco aumento de novos casos. Em 23 de janeiro, o mundo recebia da OMS o alerta sobre o risco de um surto mais amplo, fora do epicentro inicial. Casos crescentes da nova doença eram registrados fora da China, em outros países não só na Ásia, mas também na Europa e na América do Norte. Na primeira semana de fevereiro, o número registrado de mortes pela Covid-19 ultrapassou 800 pessoas. No dia 14 de fevereiro, era confirmado o primeiro caso na África (no Egito). Em 26 de fevereiro, foi registrado o primeiro caso no Brasil. Em 28 de fevereiro, a OMS aumentou de "elevado" para "muito elevado" o nível de ameaça global do novo coronavírus. O número registrado de mortos no mundo já era de 3.000 pessoas no início de março. Em 11 de março, em função de níveis acelerados e crescentes de propagação e gravidade do vírus em diferentes países, a OMS finalmente declarou tratar-se de uma pandemia (Sá, 2020). Poucos dias depois, em 18 de março, o Diretor-Geral

---

5   Para maiores esclarecimentos, vide: IPBES (Intergovernmental Science-Policy Platform on Biodiversity and Ecosystem Services). Workshop on biodeversity and pandemics. Disponível em https://ipbes.net/sites/default/files/2020-12/IPBES%20 Workshop%20on%20Biodiversity%20and%20 Pandemics%20Report_0.pdf. Acessado no dia 11 de setembro de 2021.

da OMS, Tedros Adhanom, ao discursar acerca da Covid-19, afirmou: "Este vírus está nos apresentando uma ameaça sem precedentes. Mas também é uma oportunidade sem precedentes de nos unirmos contra um inimigo comum – um inimigo contra a humanidade" (WHO, 2020). A pandemia persiste até hoje e já conta com mais de 240 milhões de infecções e mais de 5 milhões de mortes registradas em todo o mundo (Reuters, 2021).

O processo de securitização da Covid-19 foi previsivelmente peculiar. Num primeiro momento, em grande parte para evitar impactos na economia local e a adoção de medidas preventivas impopulares (como fechamento de fronteiras terrestres, portos e aeroportos; isolamento de pessoas infectadas; monitoramento de pessoas suspeitas; etc.), as autoridades estatais competentes negaram a ameaça, permitindo que o vírus se espalhasse com maior rapidez pelo interior e para fora de suas fronteiras. Isso ocorreu na China, na Itália, nos EUA, no Reino Unido, no Brasil e em diversos outros países. Entretanto, com a aceleração da propagação da doença, um súbito aumento nos números de internações, sobrecarregando hospitais rapidamente, a divulgação de estudos indicando o iminente colapso de sistemas de saúde no mundo todo e intensa repercussão da situação pela mídia em nível global, a securitização se tornou inevitável.

Os discursos começaram a proliferar entre Chefes de Estado e de Governo no mundo todo. Donald Trump, Presidente norte-americano, afirmou que os EUA estavam sofrendo o pior ataque de sua história: "isso é pior do que Pearl Harbor, isso é pior do que o World Trade Center, nunca houve um ataque como este". Emmanuel Macron, Presidente francês, afirmou que a França estava "em guerra contra o coronavírus". Giuseppe Conte, Primeiro Ministro da Itália, pede para que os italianos fiquem em casa enquanto o país passa por seu "maior teste desde a Segunda Guerra Mundial". Moon Jae-In, Presidente sul-coreano, fala da necessidade de a Coreia do Sul "travar uma guerra contra a Covid-19". Xi Jinpin, Presidente da República Democrática da China, convoca cidadãos chineses para uma "batalha decisiva" na "guerra popular" contra a pandemia. (Duarte & Valença, 2021)

Vamos à análise do caso.

Em primeiro lugar, é importante salientar que a Covid-19 é uma ameaça real, que continua infectando e matando pessoas no mundo todo. Obviamente, ela gerou e continua gerando muito medo nas pessoas. Ademais, essa sensação de insegurança se espalhou não apenas por um grupo de pessoas ou cidadãos de um Estado específico, mas pela população do mundo todo, intensificando-a sobremaneira. Acrescente-se, ainda, que discursos securitizadores foram proferidos por autoridades do mundo todo e foram propagados pela mídia em diversas línguas e para os quatro continentes. Ademais, diversos cientistas e especialistas respeitados mundialmente confirmaram a ameaça, fortalecendo sobremaneira o processo securitizador em nível global.

Essa realidade, aliás, gerou uma consequência interessante. Até mesmo aqueles Chefes de Estado e de Governo críticos à ameaça anunciada acabaram aderindo a esse processo global de securitização. É o caso do Presidente da República Federativa do Brasil, que em diversos momentos se manifestou contrário às medidas excepcionais de isolamento social, restrições de funcionamento de estabelecimentos comerciais e até mesmo de uso de máscara em ambiente público, mas, já no dia 6 de fevereiro de 2020, sancionou a Lei nº 13.979/20, prevendo medidas excepcionais "para enfrentamento da emergência de saúde pública de importância internacional decorrente do coronavírus responsável pelo surto de 2019" (Brasil, 2020).

Portanto, como agentes securitizadores é possível apontar os Chefes de Estado e de Governo de praticamente todos Estados reconhecidos internacionalmente, incluindo o Brasil. Aliás, importante salientar que o Secretário-Geral da ONU e o Diretor-Geral da OMS, apesar de proferirem discursos importantes nesse processo global de securitização, não podem ser considerados agentes securitizadores por definição, uma vez que eles próprios não foram empoderados com a faculdade de adotar medidas excepcionais, que vão além das competências ordinariamente atribuídas a eles na Carta da ONU, na Constituição da OMS e no Regulamento Sanitário Internacional (2005)[6],

---

6   O Regulamento Sanitário Internacional (2005), em seu artigo 12, parágrafo 1, prevê expressamente que "O Diretor-Geral determinará, com base nas informações

respectivamente. Entretanto, não há como negar que foram e continuam sendo, junto às organizações que representam, atores de influência relevantes.

Os objetos de referência mais destacados são: (1) a vida humana; (2) a saúde pública; (3) a economia local, regional e mundial; e (4) a paz internacional.

Dentre as medidas excepcionais mais adotadas pelos Estados, após a securitização da Covid-19, estão: (1) fechamentos parciais e temporários de fronteiras terrestres, portos e aeroportos; (2) restrição de circulação de pessoas e funcionamento de estabelecimentos comerciais; (3) isolamento de pessoas infectadas; (4) monitoramento de pessoas suspeitas de infecção; (5) determinação de realização compulsória de exames, testes laboratoriais, coleta de amostras clínicas, vacinação e outras medidas profiláticas, ou tratamentos médicos específicos; (6) uso obrigatório de máscaras de proteção individual; (7) flexibilização das normas para contratações públicas e para gastos de dinheiro público; (8) possibilidade de requisição de bens e serviços de pessoas físicas e jurídicas; (9) autorização para importação de produtos sujeitos à vigilância sanitária sem registro no respectivo órgão regulador; etc.[7]

Imperioso reforçar que a Covid-19 é uma ameaça real, que continua infectando e matando milhões de pessoas no mundo todo. Nesse contexto, medidas urgentes e excepcionais, embasadas na ciência especializada[8], são sim

---

recebidas, em especial as enviadas pelo Estado Parte em cujo território está ocorrendo o evento, se o evento constitui uma emergência de saúde pública de importância internacional, em conformidade com os critérios e os procedimentos estabelecidos neste Regulamento".

7   Aliás, todas as medidas indicadas também estão previstas na Lei Brasileira nº 13.979/20, mencionada anteriormente.

8   Que insistentemente recomenda como forma de prevenção e combate à propagação da doença: o isolamento de pessoas infectadas, o monitoramento de pessoas suspeitas de infecção, o uso de máscara de proteção individual e a vacinação em massa da população.

necessárias para o controle da doença e o combate da pandemia. Entretanto, como visto anteriormente o sucesso da securitização, em si, não garante o sucesso na proteção do objeto ameaçado. Fundamental, portanto, que a comunidade científica, a imprensa e a população em geral continuem atentas ao que as autoridades competentes estão fazendo com o excepcional poder que lhes foi conferido.

SECURITIZAÇÃO DO MEIO AMBIENTE

A proteção ao meio ambiente evoluiu nas últimas décadas, em especial a partir dos anos de 1960, de um discurso não politizado (que não fazia parte do debate público nem das decisões estatais) para um discurso cada vez mais politizado (cada vez mais incorporado à política pública, requerendo decisões governamentais e alocação de recursos). Isso se deu em razão de pressões cada vez mais volumosas de grupos de pessoas preocupadas com a sua proteção e de constatações científicas cada vez mais abundantes no sentido de que a exploração crescente e insustentável do meio ambiente geraria (e já está gerando) danos crescentes às presentes e futuras gerações da humanidade.

Entretanto, o que se observa é que a efetiva concretização das políticas públicas preservacionistas não tem acompanhado o avanço crescente dos impactos negativos sobre a natureza. Em outras palavras, ainda que a proteção ao meio ambiente esteja cada vez mais politizada, os danos ambientais continuam crescendo vertiginosamente e, caso políticas ambientais concretas e rigorosas não sejam efetivamente implementadas já nos próximos anos, é muito provável que as ameaças, identificadas pela comunidade científica como reais, se agravem sobremaneira, tornando a securitização inevitável.

Com efeito, de acordo com o relatório publicado, no mês de agosto de 2021, pelo IPCC (Painel Intergovernamental sobre Mudanças Climáticas)[9], é

---

9   Íntegra do relatório disponível: https://www.ipcc.ch/report/ar6/wg1/ downloads/report/IPCC_AR6_WGI_Full_Report.pdf. Acessado no dia 28 de outubro

inequívoco que a influência humana aqueceu a atmosfera, o oceano e a terra, causando mudanças rápidas e generalizadas na atmosfera, no oceano, na criosfera e na biosfera. Acrescenta ainda que mudanças no sistema climático se tornam maiores em relação direta ao aumento do aquecimento global, incluindo aumentos na frequência e intensidade de extremos de calor, ondas marinhas de calor, fortes precipitações, secas agrícolas e secas ecológicas, ciclones tropicais mais intensos, bem como redução do mar do Ártico, da cobertura de neve e do permafrost[10].

Ademais, o professor e destacado cientista do meio ambiente Johan Rockström, tem afirmado em suas palestras que a ação humana elevou o clima a um ponto de crise global. Incêndios cada vez mais intensos na Austrália, Sibéria, Califórnia e Amazônia; inundações cada vez mais graves na China, Bangladesh e Índia; e ondas de calor cada vez maiores em todo hemisfério norte são uma amostra disso. Segundo ele, "corremos o risco de romper limites que podem fazer com que o planeta deixe de ser nosso melhor amigo resiliente, amortecendo impactos, e começar a agir contra nós, amplificando o calor. Pela primeira vez, somos forçados a considerar o risco real de desestabilização de todo o planeta". Com efeito, 9 dos 15 grandes sistemas biofísicos que regulam o clima já estão em risco e alcançando prováveis pontos de ruptura: (1) Ártico (prevê-se que em apenas algumas décadas não terá mais gelo marinho no verão), (2) Permafrost siberiano (está derretendo em escalas dramáticas), (3)

---

de 2021.

10　　Permafrost é uma superfície que permanece a temperaturas abaixo de 0° C por, pelo menos, dois anos consecutivos e pode ser constituída por solo, rochas, gelo, sedimentos e matéria orgânica. Ele ocupa cerca de 20% da superfície terrestre e aproximadamente 1/3 de sua totalidade está para degelar. O permafrost contem uma grande quantidade de vestígios da vida antiga, que preservam no seu interior grandes quantidades de gases do efeito estufa, como dióxido de carbono ($CO2$) e metano ($CH4$). Ademais, por estar congelado há milhares de anos, seu degelo pode liberar antigos vírus e bactérias presentes nos restos animais e humanos preservados nesse ambiente (Fioravanti, Thaís N., 2021).

Groenlândia (está perdendo trilhões de toneladas de gelo e pode estar próxima de um ponto de ruptura), (4) Grandes Florestas do Norte (estão queimando e criando nuvens de fumaça do tamanho da Europa), (5) Oceano Atlântico (sua circulação está desacelerando), (6) Floresta Amazônica (em apenas 15 anos, pode passar a emitir mais CO_2 do que absorvê-lo), (7) Grande Barreira de Corais (metade está morta), (8) Antártica Ocidental (pode já ter cruzado um ponto de ruptura) e (9) Antártica Oriental (a geleira mais sólida da Terra está ficando instável em algumas partes). Por fim, o professor explica que os pontos de ruptura geram três ameaças: (1) elevação do nível do mar (entre 1 e 2 metros nesse século, colocando em perigo a moradia de 200 milhões de pessoas ou mais), (2) enfraquecimento dos armazenadores naturais de carbono (florestas e o permafrost podem passar de armazenadores para emissores de CO_2, dificultando sobremaneira o trabalho de estabilização da temperatura), (3) efeito dominó (os sistemas estão todos interligados e aquele que ultrapassa seu ponto de ruptura acaba empurrando os demais para o mesmo destino). (Rockström, 2020)

Aliás, o documentário Rompendo Barreiras: Nosso Planeta, produzido pela Netflix e apresentado pelo importante naturalista britânico David Frederick Attenborough (2021), tem por base um amplo estudo realizado por diversos cientistas ao redor do mundo sob o título Limites planetários: orientando o desenvolvimento humano em um planeta em mudança (Steffen, Will et. al., 2015) e traz constatações ainda mais preocupantes. Ele apresenta 9 barreiras de sustentação do planeta, que garantem a estabilidade da Terra e um ambiente viável para a sobrevivência humana: (1) clima, (2) integridade da biosfera (perda de biodiversidade e extinção de espécies), (3) ozônio estratosférico, (4) acidificação dos oceanos, (5) fluxos biogeoquímicos (ciclos do fósforo e do nitrogênio), (6) sistema terrestre, (7) água doce, (8) carga atmosférica de aerossóis (partículas microscópicas que poluem o ar, afetando o clima e os organismos vivos) e (9) novas entidades (poluentes orgânicos, materiais radioativos, nanomateriais, microplásticos, dentre outros); e quantifica os limites de segurança, incerteza e perigo das 7 primeiras barreiras. Pois bem, dentre as barreiras quantificadas, constatou-se que 4 já ultrapassaram o limite de segurança. Duas estão na zona de incerteza e duas já estão na zona de perigo.

Obviamente, a barreira do clima já ultrapassou o limite de segurança, entretanto há 3 barreiras em situação ainda pior: (1) sistema terrestre (em grande parte, devido ao desmatamento desenfreado de florestas); (2) fluxos biogeoquímicos (nutrientes agrícolas como fósforo e nitrogênio, ao ingressarem em grande volume no lençol freático, escoando em rios e lagos, promovem processos de eutrofização das águas, dificultando sobremaneira a vida nesses ambientes); e (3) integridade da biosfera (a perda anual de biodiversidade já é mais de 10 vezes maior do que o nível de segurança). Aliás, as duas últimas já estão muito avançadas na zona de perigo, com destaque à barreira da integridade da biosfera (a mais avançada de todas). Para piorar, as duas barreiras centrais no conjunto de barreiras, são exatamente as do clima e da integridade da biosfera, uma vez que influenciam diretamente todas as demais.

De acordo com os cientistas, esta década (2021 a 2030) será decisiva para trazer o planeta de volta aos níveis de segurança necessários à estabilidade da Terra e um ambiente viável para as presentes e futuras gerações da humanidade. Para tanto, os Estados deverão colocar em prática, o quanto antes, políticas públicas responsáveis que: (1) impliquem em redução drástica do uso de combustíveis fósseis e o cumprimento do Acordo de Paris, diminuindo eficazmente a queima de óleo, carvão e gás natural (para manter o aumento da temperatura abaixo de 1,5° C (atualmente estamos em 1,1° C, mas avançando rapidamente para 2° C), precisa-se reduzir as emissões dos gases de efeito estufa entre 6% e 7% todos os anos); (2) acabem com o desmatamento de florestas e incentivem a população a plantar mais árvores (um esforço global para o plantio de bilhões de árvores pode ser uma das soluções mais econômicas e tangíveis para a crise climática, do espaço terrestre, dos fluxos biogeoquímicos, da poluição do ar e da biodiversidade); (3) preservem totalmente a biodiversidade ainda existente (já bastante reduzida pela ação humana); (4) incentivem a população a adotar uma alimentação mais saudável e flexível, com menos consumo de carne vermelha e alimentos ricos em amido e mais de proteína vegetal, frutas e nozes (isso diminuiria o impacto negativo sobre o clima, a biodiversidade e os fluxos biogeoquímicos); e (5) promovam sistemas cíclicos de produção, sem desperdícios, com mecanismos eficientes de reciclagem (reduziriam os impactos negativos relacionados à biodiversidade, aos fluxos biogeoquímicos, à poluição do ar e às novas entidades). (Netflix, 2021)

Como visto, os impactos negativos sobre o meio ambiente crescem aceleradamente, sendo essa década apontada por cientistas como decisiva e derradeira para a reversão desse processo. Caso as autoridades competentes não adotem as medidas necessárias em tempo, é muito provável que desastres naturais se agravem sobremaneira já na década seguinte (ou até antes), fazendo com que medidas políticas convencionais e ordinárias (mais democráticas e menos custosas social e economicamente) se tornem insuficientes, abrindo espaço à securitização e suas perigosas excepcionalidades (menos democráticas e mais custosas).

Nesse caso, o processo de securitização muito provavelmente seguirá o mesmo padrão observado nos casos estudados anteriormente. Um contexto fático de desastres naturais mais intensos e generalizados (incêndios, enchentes, inundações, ondas de calor extremo, poluição do ar, do solo e das águas, secas agrícolas e ecológicas, elevação dos oceanos e escassez hídrica), com um número crescente de mortes, adoecimentos, escassez de alimentos e água potável, perda de moradias e falta de energia elétrica, impulsionando crises humanitárias, econômicas e sociais, possivelmente criará um ambiente de medo e insegurança generalizada na população, propiciando o sucesso da securitização. Os agentes securitizadores serão, na maior parte, os Chefes de Estado e de Governo dos Estados mais afetados. Por fim, os objetos de referência serão: (1) a sustentabilidade do meio ambiente; (2) a vida humana; (3) a saúde pública; (4) a economia local, regional e mundial; e até mesmo (5) a paz internacional.

Dentre as prováveis medidas excepcionais, com base no padrão observado no estudo, é possível prever: (1) flexibilização das regras para o uso do dinheiro público, (2) maior abertura para contratações diretas (sem licitação) ou por procedimento licitatório simplificado (com maior liberdade para o gestor público realizar contratações), (3) vedação de contingenciamento de fundos e recursos (permitindo que o gestor público gaste mais)[11], (4) flexibilização de direitos individuais (viabilizando intervenções mais acentuadas na propriedade, na liberdade e na vida privada dos cidadãos pelo Estado)[12], (5) intervenções estrangeiras em regiões indicadas como estratégicas (tais como os grandes sistemas biofísicos que regulam o clima, com destaque à Floresta Amazônica, maior berço de biodiversidade da Terra e frequentemente referida em discursos proferidos em conferências ambientais como "pulmão do mundo"[13]). Essa última medida é certamente a mais polêmica e menos provável, por implicar afronta direta a princípios caros ao direito internacional, tais como soberania, autodeterminação dos povos e não-intervenção. Entretanto,

---

11   Aliás, o Projeto de Lei nº 3.961/20, em trâmite na Câmara dos Deputados do Brasil, que "Decreta o estado de emergência climática, estabelece a meta de neutralização das emissões de gases de efeito estufa no Brasil até 2050 e prevê a criação de políticas para a transição sustentável", dispõe exatamente acerca dessa medida, em seu artigo 3º, § 3º, in verbis: "Durante o período de vigência do estado de emergência climática, fica vedado o contingenciamento de quaisquer fundos ou recursos destinados à proteção ambiental, ao combate ao desmatamento e à mitigação e adaptação à mudança climática". (Brasil, 2020)

12   A história brasileira recente trouxe uma pequena amostra dessa flexibilização, quando na época da crise hídrica e de abastecimento de energia, denominada "crise do apagão", o Presidente da República determinou por Medida Provisória (MP nº 2.198-5/01, artigo 14) a suspensão compulsória de energia elétrica, por até 6 dias, a quem não lograsse cumprir as metas fixadas.

13   Para Hamilton Mourão, Vice-Presidente da República Federativa do Brasil e Presidente do Conselho Nacional da Amazônia Legal, há diversas formas de intervenção, desde o discurso (menos coercitiva) até a invasão (mais coercitiva). Segundo ele, as primeiras formas de intervenção já estão ocorrendo, in verbis: "Quando a gente vê discursos de líderes de outros países se referindo a problemas da Amazônia é uma forma de intervenção, o seguinte passo é a propaganda, como nós vemos acontecer hoje na comunidade internacional uma propaganda negativa em relação àquilo que é a realidade da Amazônia brasileira." (Behnke, 2021)

já vimos isso ocorrer na securitização do terrorismo e nada garante que não possa voltar a acontecer. Com efeito, em um ambiente securitizado, nenhuma excepcionalidade é descartável.

CONSIDERAÇÕES FINAIS

Segurança é uma construção social centrada no discurso. É ele que movimenta determinado problema para cima e para baixo na lista de prioridades da agenda de segurança. Entretanto, para lograr êxito no processo de securitização (e elevar o problema ao topo da lista), o discurso deve estabelecer uma compreensão intersubjetiva entre o agente que o profere (agente securitizador) e os membros da comunidade política (audiência). Ademais, o agente securitizador deve lograr convencer a audiência de que um objeto muito importante está sob ameaça existencial (objeto de referência). Finalmente, o relevante no processo de securitização não é identificar se o discurso é verdadeiro ou falso, mas se ele é capaz de persuadir a audiência de que medidas urgentes e excepcionais devem ser adotadas, afim de que se proteja a sobrevivência do objeto ameaçado.

Após a análise dos principais casos de securitização do século XXI (terrorismo, imigração e Covid-19) é possível concluir que o sucesso do processo de securitização está diretamente relacionado com a intensidade do medo associado ao evento desencadeador da ameaça existencial anunciada no discurso securitizador; bem como que a securitização bem-sucedida empodera o agente securitizador, permitindo-lhe a requisição de medidas urgentes e excepcionais para lidar com a anunciada ameaça existencial, mas não garante o sucesso na proteção do objeto de referência e ainda viabiliza abusos de poder e desrespeito a direitos humanos e garantias individuais.

Por fim, constatou-se que, apesar da proteção ao meio ambiente estar cada vez mais politizada, os danos ambientais continuam crescendo vertiginosamente e, caso políticas ambientais concretas e rigorosas não sejam efetivamente implementadas já nos próximos anos, é muito provável que as ameaças, identificadas pela comunidade científica como reais, se agravem sobremaneira, tornando a securitização e suas perigosas excepcionalidades inevitáveis.

REFERÊNCIAS BIBLIOGRÁFICAS.

Barber, Benjamin R. (2005). O império do medo. Rio de Janeiro e São Paulo: Editora Record.

BBC News (2021). Quanto se construiu de 'muro de Trump' com México que Biden mandou parar no 1º dia de mandato. Disponível em https://www.bbc.com/portuguese/internacional-55775226. Acessado no dia 8 de outubro de 2021.

BBC News (2020). Entenda o Brexit e seus impactos em 8 perguntas. Disponível em https://www.bbc.com/portuguese/internacional-46335938. Acessado no dia 8 de outubro de 2021.

Behnke, Emilly (2021). Mourão critica "intervenção" e "propaganda negativa" de países sobre a Amazônia. Disponível em https://www.poder360.com.br/governo/mourao-critica-intervencao-e-propaganda-negativa-de-paises-sobre-a-amazonia/. Acessado no dia 31 de outubro de 2021.

Brasil (2020). Lei nº 13.979, de 6 de fevereiro de 2020. Dispõe sobre medidas para enfrentamento da emergência de saúde pública de importância internacional decorrente do coronavírus responsável pelo surto de 2019. Disponível em http://www.planalto.gov.br/ccivil_03/_ato2019-2022/2020/lei/l13979.htm. Acessado no dia 31 de outubro de 2021.

Brasil (2020). Projeto de Lei nº 3.961, de 2020. Decreta o estado de emergência climática, estabelece a meta de neutralização das emissões de gases de efeito estufa no Brasil até 2050 e prevê a criação de políticas para a transição sustentável. Disponível https://www.camara.leg.br/proposicoesWeb/prop_mostrarintegra?codteor=1916833&filename=PL+3961/2020. Acessado no dia 31 de outubro de 2021.

Brasil (2001). Medida Provisória nº 2.198-5, de 24 de agosto de 2001. Cria e instala a Câmara de Gestão da Crise de Energia Elétrica, do Conselho de Governo, estabelece diretrizes para programas de enfrentamento da crise de energia elétrica e dá outras providências. Disponível em http://www.planalto. gov.br/ccivil_03/mpv/antigas_2001/2198-5.htm#art29. Acessado no dia 31 de outubro de 2021.

Buzan, Barry; Waever Ole & Wilde, Jaap de (1998). Security: a new framework for analysis. Londres: Lynne Rienner Publishers.

Buzan, Barry & Waever, Ole (2003). Regions and powers: the structure of international security. Cambridge: Cambridge University Press.

Buzetti, B. S. (in press). Análise legística do Regulamento Sanitário Internacional (2005) e soluções para o problema da propagação internacional de doenças. In P. C. Anjos. Um panorama contemporâneo do Direito Internacional dos Direitos Humanos. Ambra Press.

Castro, Douglas de & Santos, James Oliveira dos (2020). Securitization of the Health and Economy in the COVID Times. AfronomicsLaw. Disponível em https://www.afronomicslaw.org/2020/05/29/securitization-of-the-health-and-economy-in-the-covid-times. Acessado no dia 17 de setembro de 2021.

CNN Brasil (2021). Há 10 anos, a morte de Osama Bin Laden era anunciada pelos Estados Unidos. Disponível em https://www.cnnbrasil.com. br/internacional/ha-10-anos-a-morte-de-osama-bin-laden-era-anunciada-pelos-estados-unidos/. Acessado no dia 7 de outubro de 2021.

Duarte, Daniel Edler & Valença, Marcelo M. (2021). Securitising Covid-19? The politics of global health and the limits of the Copenhagen school. Contexto Internacional. Vol. 43(2) May/Aug 2021. Disponível em SciELO - Brasil - Securitising Covid-19? The Politics of Global Health and the Limits of the Copenhagen School Securitising Covid-19? The Politics of Global Health and the Limits of the Copenhagen School. Acessado no dia 10 de outubro de 2021.

Fioravanti, Thaís N. (2021). O que é Permafrost e por que se importar? Disponível em https://www.ige.unicamp.br/pedologia/2021/06/02/o-que-e-permafrost-e-por-que-se-importar/. Acessado no dia 29 de outubro de 2021.

Gutierrez, Felipe (2021). Como os ataques de 11 de setembro mudaram o mundo. G1. Disponível em https://g1.globo.com/mundo/noticia/2021/09/11/como-os-ataques-de-11-de-setembro-mudaram-o-mundo.ghtml. Acessado no dia 5 de outubro de 2021.

Hoff, Natali Laise Zamboni; Silva, Ronaldo; Zabolotsky, Boris Perius & Soutto, Dafne Lavinas (2017). Brexit – União Europeia: a imigração como uma questão de segurança internacional. Revista de Estudos Internacionais (REI). ISSN 2236-4811, Vol. 8 (3), p. 64/82.

IPCC (2021). Sexto relatório de avalição [relatório completo]. AR6 mudanças climáticas 2021: a base da ciência física. Disponível em https://www.ipcc.ch/report/ar6/wg1/downloads/report/IPCC_AR6_WGI_Full_Report.pdf. Acessado no dia 28 de outubro de 2021.

McKelvey, Tara (2018). Tinha ódio de mim mesmo pelo que acontecia ali, relata soldado americano que trabalhou na prisão iraquiana de Abu Ghraib. Disponível em https://www.bbc.com/portuguese/internacional-44205563. Acessado no dia 7 de outubro de 2021.

Netflix (2021). Ponto de virada: 11/9 e a guerra contra o terror [documentário]. Netflix Worldwide Entertainment, LLC.

ONU (2020). O mundo enfrenta o 'teste mais grave' desde a fundação das Nações Unidas, o secretário-geral diz ao conselho de segurança, pedindo unidade para enfrentar a pandemia de COVID-19. SG/SM/20041. Disponível em https://www.un.org/press/en/2020/sgsm20041.doc.htm. Acessado no dia 10 de outubro de 2021.

Possa, Julia (2021). Como o Brexit mergulhou o Reino Unido em uma crise de abastecimento. Disponível em https://www.poder360.com.br/internacional/como-o-brexit-mergulhou-o-reino-unido-em-uma-crise-de-abastecimento/. Acessado no dia 26 de outubro de 2021.

Presse, France (2021). Na prisão de Guantánamo, EUA ainda mantêm dezenas detidos sob pretexto da "guerra contra o terrorismo". Disponível em https://g1.globo.com/mundo/noticia/2021/09/06/na-prisao-de-guantanamo-eua-ainda-mantem-dezenas-detidos-sob-pretexto-da-guerra-contra-o-terrorismo.ghtml. Acessado no dia 7 de outubro de 2021.

Presse, France (2019). Boris Johnson é convocado pela Justiça por 'mentiras' sobre o Brexit. Disponível em https://g1.globo.com/mundo/noticia/2019/05/29/boris-johnson-e-convocado-pela-justica-por-mentiras-sobre-o-brexit.ghtml. Acessado no dia 25 de outubro de 2021.

Reuters (2021). COVID-19: Global Tracker. Disponível em https://graphics.reuters.com/world-coronavirus-tracker-and-maps/pt/. Acessado no dia 1º de novembro de 2021.

Rockström, Johan (2020). Contagem regressiva: dez anos para transformar o futuro da humanidade ou desestabilizar o planeta. Disponível em https://www.ted.com/talks/johan_rockstrom_10_years_to_transform_the_future_of_humanity_or_destabilize_the_planet?language=pt-br. Acessado no dia 29 de outubro de 2021.

Steffen, Will et. al. (2015). Limites planetários: orientando o desenvolvimento humano em um planeta em mudança. Revista Science, vol. 347, ed. 6223. Disponível em https://www.science.org/doi/10.1126/science.1259855. Acessado no dia 25 de outubro de 2021.

Sá, Dominichi Miranda de (2020). Especial Covid-19: os historiadores e a pandemia. FIOCRUZ. Disponível em http://www.coc.fiocruz.br/index.php/pt/todas-as-noticias/1853-especial-covid-19-os-historiadores-e-a-pandemia.html#.YNecmtVKjIV. Acessado no dia 26 de junho de 2021.

Silva & Pereira (2019). A Teoria da Securitização e a sua aplicação em artigos publicados em periódicos científicos. Revista de Sociologia e Política, v. 27, n. 69. Curitiba, 2019.

Tanno, Grace (2003). A contribuição da Escola de Copenhague aos estudos de segurança internacional. Contexto Internacional, v. 25, n. 1. Rio de Janeiro.

USA (2001). Public Law 107-40. To authorize use of United States Armed Forces agaist those responsable for the recente attacks launched agaist the United States. Disponível em https://www.congress.gov/107/plaws/publ40/PLAW-107publ40.pdf. Acessado no dia 5 de outubro de 2021.

WHO (2020). Origin of SARS-CoV-2: 26 March 2020. Disponível em https://apps.who.int/iris/bitstream/handle/10665/332197/WHO-2019-nCoV-FAQ-Virus_origin-2020.1-eng.pdf. Acessado no dia 6 de setembro de 2021.

O AVANÇO DO GRUPO EXTREMISTA TALIBÃ SOBRE A CAPITAL DO AFEGANISTÃO E AS IMPLICAÇÕES DO ÊXODO DE AFEGÃOS NA SOCIEDADE INTERNACIONAL

Autora:

Daniele Arcolini Cassucci de Lima

A migração teve influência de diversos fatores como guerras, perseguições políticas, culturais ou de etnia, que fomentam, diariamente, a busca de condições melhores de vida, em busca de emprego, dentre outras questões.

Contudo, essa migração retrata problemas como o impedimento de entrada desses estrangeiros em alguns países e até mesmo medidas drásticas para a retirada destes do território.

A sociedade internacional sofre reflexos diretos em razão da crise imigratória, o que pode ser visto, sem grande esforço, com simples busca de notícias acerca do assunto.

A ONU (Organizações das Nações Unidas) também está diretamente envolvida na questão da crise migratória, sobretudo com relação às fronteiras do Afeganistão para que os países vizinhos mantivessem as fronteiras abertas, permitindo a entrada de imigrantes.

Vale lembrar que o Talibã esteve no poder em 1996 até o ano de 2001 quando, após o atentado às torres gêmeas, os Estados Unidos intervieram no Afeganistão. As ações do grupo extremista eram embasadas na Sharia, definida como a lei islâmica na tradução literal como está escrito no Alcorão que é o livro sagrado da religião muçulmana.

Com a retirada das tropas americanas do Afeganistão, o mundo assiste a retomada do poder pelo grupo extremista Talibã cujas ações chocantes e violentas seriam albergadas de acordo com a interpretação da religião muçulmana. Essa suposta interpretação da religião muçulmana é questionada há muito tempo.

A Sharia tem aplicação em alguns países e é reconhecida por contar com punições severas e radicais, como amputação de membros, sendo que a tradução ou interpretação do texto do alcorão não está adequada, como pontuado, diversas vezes, por especialistas.

Evidentemente, a retomada do poder pelo talibã teve importantes e negativos reflexos no mundo todo, além de questionamentos constantes como a violação dos Direitos Humanos e a necessidade de inércia ou intervenção de outros países ou mesmo organizações internacionais, como é o caso da ONU.

Em que pese o cenário proposto remeter à crise migratória, o trabalho contemplará o deslocamento dos cidadãos afegãos para outros países, como, por exemplo, para a Europa que teme um novo 2015 quando se trata do avanço do grupo extremista.

Em suma, as questões que se pretende responder no trabalho em comento são: as implicações do êxodo de afegãos para a Europa. O avanço do grupo extremista Talibã no Afeganistão e as consequências da violação dos Direitos Humanos. Poderia haver a intervenção da ONU ou de outros países para conter as ações do grupo extremista, sem ferir a soberania nacional do Afeganistão?

METODOLOGIA

A metodologia utilizada no presente trabalho é o estudo de caso utilizando dados qualitativos, tendo por base os acontecimentos no passado quando o grupo extremista do talibã estava no poder, a ocupação das tropas americanas no Afeganistão após o atentado às torres gêmeas e o cenário atual marcado pelo retorno do Talibã ao poder.

O estudo de caso remete o trabalho à investigação empírica que se vale de uma passagem ou evento antigo ou atual da vida real, ainda que os limites do que caso não estejam claramente definidos. Clemente, Jr. (2012).

Haverá também pesquisa qualitativa, dedutiva e bibliográfica acerca da crise migratória e da violação dos direitos humanos. Isso porque, há violação dos Direitos Humanos de forma constante, em diversos contextos e até mesmo dentro do ordenamento jurídico interno de um país.

Quando se analisa o avanço do grupo extremista Talibã, obviamente surge o questionamento acerca de quais reflexos isso terá na sociedade internacional, especialmente os países vizinhos que serão destino dos cidadãos que resolverem sair do Afeganistão por não concordar e temer as atitudes e o modelo de governo que virão.

Importante também, registrar que, quando se trata de pessoas e do modo como elas são tratadas, não se pode deixar de questionar onde estão os Direitos Humanos e se estão sendo corretamente aplicados.

Com efeito, vale destacar que existe uma ilusória percepção de que os Direitos Humanos só são violados em casos com fator de conexão internacional, ou seja, quando determinadas situações transcendem as fronteiras. Diariamente há violação de Direitos Humanos a nível mundial e na crise migratória essa constatação é antiga.

As ações que envolvem o contexto, sobretudo as negociações entre Estados Unidos, Afeganistão e o Talibã, não são de conhecimento geral. O acordo entre Talibã e Estados Unidos foi assinado em meados de fevereiro de 2020, prevendo que as tropas americanas deixassem o Afeganistão e em troca as forças integrantes não seriam atacadas.

O Talibã, por sua vez, fez diversas promessas, inclusive quando o Presidente dos EUA era Trump, chegando a prometer que permitiria a saída de estrangeiros do país, o que, de certo modo, foi cumprido.

Com a retomada do grupo extremista do Talibã no poder, a retirada das tropas americanas do Afeganistão como uma das propostas do Presidente democrata Joe Biden causa uma reviravolta na sociedade internacional.

A Europa, por exemplo, já declarou que teme um novo 2015, haja vista que os Afegãos entravam em massa na União Europeia, atrás apenas dos sírios. O controle da situação veio com o impedimento da entrada desses cidadãos pela Turquia em troca de alguns bilhões de euros do bloco regional.

SURGIMENTO DO GRUPO EXTREMISTA TALIBÃ E SUAS AÇÕES

Antes que se adentre ao cerne da questão, mister trazer à tona algumas considerações importantes sobre o Afeganistão que é um país localizado no continente asiático que é um dos maiores, possuindo área territorial de 44.579.000 km².

Localizado na Ásia, o Afeganistão, inequivocamente, está numa região privilegiada estrategicamente, próximo de potências como Paquistão, Irã, Rússia e China.

O grupo extremista surgiu em 1994 e esteve no governo do Afeganistão por 5 (cinco) anos, ou seja, do ano de 1996 até o ano de 2001 quando as tropas americanas derrubaram o grupo depois da invasão nos Estados Unidos, pelo Afeganistão. Daí, teve início a caçada a Osama Bin Laden.

Em meados do ano passado, quando o presidente dos Estados Unidos ainda era Donald Trump, foram iniciadas tratativas sobre a possibilidade da retirada das tropas americanas do Afeganistão, mediante algumas concessões. Quando assumiu a presidência, o democrata Joe Biden, sequenciou o acordo iniciado com o presidente anterior, argumentando que, além de cumprir o que já havia sido tratado, os Estados Unidos não iriam mais assumir uma guerra, sendo que o próprio país afegão não mais fazia questão de lutar.[1]

Com o cumprimento do acordo, o que se viu foi uma verdadeira onda de horror, sobretudo pela cobertura de jornais e revistas do mundo todo. Depois de 20 (vinte) anos, as tropas americanas resolveram deixar o Afeganistão, possibilitando a retomada do poder pelo grupo extremista Talibã.

A população mundial voltou os olhares para a retomada do poder diante da repercussão das ações do Grupo, lembrando as ações extremistas.

Por mais estranho que possa ser, Talibã significa estudante na língua pashtun. Em meados de 1994, um grupo foi formado por ex-guerrilheiros pashtuns e prometia restaurar a paz e a segurança com base na lei islâmica, de acordo com a leitura feita do Alcorão, tido como livro sagrado dos mulçumanos. Três países reconheceram o governo do talibã: Arábia Saudita, Emirados Árabes e Paquistão.

Na década de 1990, ao tomar o poder, o grupo obrigou o Afeganistão a se transformar num emirado que é basicamente uma estrutura que conta com alto comando representado por um monarca, como se fosse um príncipe.

---

1   Após Talibã tomar o Afeganistão, Biden defende decisão de retirar militares americanos. Disponível em https://g1.globo.com/mundo/noticia/2021/08/16/joe-biden-discursa-sobre-tomada-do-afeganistao-pelo-taliba.ghtml. Acesso em 25/10/2021.

Porém, conforme a leitura do Alcorão, as mulheres são as mais atingidas, eis que proibidas de trabalhar e estudar, não podiam sair de casa sem estarem acompanhadas de um homem, a obrigatoriedade do uso de burca, além das execuções públicas, proibições como cinema, música ou qualquer influência ocidental.

A interpretação literal da religião era o fundamento para que o Talibã praticasse ações brutais e controladoras para promover a paz e preservar o país de qualquer ameaça estrangeira.

Como se tem conhecimento, o Talibã é responsável por diversos ataques, dentre eles, o que mais teve repercussão foi o ataque da paquistanesa Malala que, ao sair da escola, teve o rosto baleado, com apenas 15 anos. Passados 2 anos, Malala teve seu trabalho em prol da educação feminina reconhecido através do prêmio nobel da paz.

Outra questão interessante e que fomentou a invasão das tropas americanas no Afeganistão foi a aliança do grupo do Talibã com a Al-Qaeda com vistas a unir forças para controlar o Afeganistão.

O ataque às torres gêmeas, tendo como o responsável o líder da Al-Qaeda, Osama Bin Laden, ensejou a invasão do Afeganistão pelas tropas americanas. No Direito Internacional Público a preocupação com a relações entre os Estados é preocupação constante e, ao tratar da questão das tropas americanas no Afeganistão, é inevitável surgir o questionamento se essa conduta não fere a soberania nacional ou a ordem pública do país invadido.

O artigo 51 da Carta das Nações embasou o exercício da legítima defesa, com o reconhecimento do Conselho de Segurança através da Resolução 1368 de 12 de setembro de 2001, permitindo que os Estados Unidos, após o atentado, ocupassem o Afeganistão.

Posteriormente, o presidente George W. Bush iniciou forte caçada ao líder dos ataques às torres gêmeas, Osama Bin Laden e, diante da aliança com a Al-Qaeda, o presidente concluiu que o Talibã estava protegendo os membros do grupo terrorista.

De se convir que a ação que durou quase vinte anos custou caro para os Estados Unidos, porquanto houve a demora na localização de Osama Bin Laden e o Talibã não enfraqueceu.

Por mais que a percepção do Presidente Bush, na época, parecesse adequada, o objetivo do Talibã, diferentemente da Al-Qaeda, não é o terrorismo e sim o governo do Afeganistão com base na interpretação literal da lei islâmica.

AS IMPLICAÇÕES DO ÊXODO DOS CIDADÃOS AFEGÃOS NA SOCIEDADE INTERNACIONAL

Não se discute que existe interesse no Afeganistão por parte de diversos países, uma vez que ele está numa posição geográfica privilegiada, fazendo fronteiras com países como China, Rússia, Índia, Paquistão e Irã.

Segundo o Banco Mundial[2], o Afeganistão possui riquezas minerais extensas, como cobre, lítio, ferro, ouro que, nas últimas décadas, não foram exploradas. De acordo com a BBC Brasil[3], o Afeganistão tem riqueza mineral estimada em US$ 1 trilhão e US$ 3 trilhões.

Há perspectiva para que a exploração de tais riquezas possa ser muito útil no auxílio da prevenção das mudanças climáticas rumo à tão famigerada "economia verde", a depender do país ou dos países que o Afeganistão irá se juntar para explorar essas riquezas minerais.

---

2   O Banco Mundial no Afeganistão. Disponível em<https://www.worldbank.org/en/search?q=afeganist%C3%A3o>. Acesso em 30/10/2021.

3   Talebã controla 'tesouro' de mais de U$ 1 trilhão em minérios como lítio e ouro. BBC News. Disponível em: < https://www.bbc.com/portuguese/internacional-58288062>. Acesso em 30/10/2021.

Em seguimento, tem-se que um dos maiores problemas na retomada do poder do grupo extremista Talibã é o êxodo de afegãos, ou seja, a saída dos nacionais do país tem impacto no cenário internacional, uma vez que essas pessoas se deslocam em massa para alguns lugares. O irã, por exemplo, possui uns 800 mil refugiados, sendo a maior parte afegãos, de acordo com a ACNUR[4].

Inequivocamente, os países vizinhos estão sujeitos a receberem mais refugiados do Afeganistão. Se engana quem pensa que o país dominado pelo grupo extremista não tem poder, ele vem sendo considerado, por especialistas, como epicentro da geopolítica global dos tempos atuais.

A Europa, por exemplo, teme a onda de refugiados, como aconteceu em 2015, com os sírios e vem se preparando para que não ocorra uma nova crise migratória, com o apoio, mediante valores expressivos pelo Bloco, para países fecharem as fronteiras.

A Alemanha que, tempo atrás, abriu as fronteiras para a entrada de migrantes, declarou que não pode resolver os problemas do mundo.

Avançando nesse contexto, não é preciso fazer muitas pesquisas para se chegar à conclusão de que a Europa não quer viver um "novo 2015", sobretudo depois da União Europeia ter adotado o discurso de crise migratória em 2015, posto que, em 2014, houve aumento significativo de fluxos migratórios forçados vindos do Oriente Médio e do Norte da África.

O discurso da crise migratória também serviu de escudo para reforçar o controle das fronteiras dos países europeus, além de combater o fluxo ilegal de migrantes, possibilitando o fortalecimento do bloco político.

De outro lado, como expõe Blanchard e Rodier (2016), há quem diga que não houve crise migratória na Europa e que o discurso foi uma construção da imprensa e da política da União Europeia.

---

4   Refugiados. ACNUR. Disponível em: < https://www.acnur.org/portugues/quem-ajudamos/refugiados/>.

E, nos dizeres de Vasconcelos e Botega (2015), cabe avaliar, mesmo que superficialmente, que a globalização tem impacto sobre os fluxos migratórios, por contribuírem com a propagação de informações sobre melhores condições de vida, oportunidades de trabalho e até mesmo a facilitação da regularização de migrantes.

Na reflexão de Garner (2007), o cenário exposto pela globalização é diferente da realidade, haja vista que as fronteiras estão cada vez mais restritas e o tratamento dispensado aos migrantes tendo e a ser bem hostil, ocasionando a segregação das pessoas nestas condições. No mesmo rumo, as políticas migratórias são feitas para a proteção dos países que enxergam os migrantes como ameaças, em razão do terrorismo internacional, envolvimento com drogas, dentre outras questões negativas. Inevitavelmente, a União Europeia tem papel importante nessa questão da restrição e da securitização das migrações.

Não se pode perder de vista que os países que fazem parte do Bloco Regional ou são apoiadores deste, tendem a acompanhar as diretrizes das políticas migratórias para não receber estrangeiros até porque fazem parte da prática de receberem ajuda se assim o fizerem.

Quando o assunto é crise migratória ou êxodo, a Europa se faz presente. Com relação à Europa, demonstrando claramente como o continente está envolvido com as questões migratórias, em 1951, nasceu o Comitê Intergovernamental Provisório para o Movimento de Migrantes para a Europa como resultado de uma Conferência Internacional para Migração que foi realizada em Bruxelas. O Comitê possui 16 países membros e obteve poder para auxiliar a Europa a administrar milhares de pessoas deslocadas no continente, após a segunda guerra mundial.

Referida Organização Internacional é a principal organização e conta, atualmente, com 165 Estados com objetivo de assegurar que as questões de migração sejam tratadas com humanidade e de forma organizada, respeitando os Direitos Humanos.

Os guestworkers vindos da Turquia e de países do norte da África ajudaram Alemanha e França, porém só ficariam pelo tempo da necessidade. Contudo, com o término da necessidade, como acontece em quase todas as situações de migração, os imigrantes não retornam e permanecem no local. Velasco (2012, p. 53).

Com efeito, a Europa foi intensificando o desejo de implantar uma política migratória mais restritiva, haja vista que a permanência dos imigrantes passou a representar uma ameaça à cultura, causando diversos problemas.

Tais acontecimentos, portanto, justificam a preocupação da Europa com a debandada de cidadãos afegãos para seus países e vem seguindo a política da rigidez, estruturando ações para que os países fechem as fronteiras, incluindo o reforço e apoio a países vizinhos. O fluxo de imigrantes nos países que os recebem causa impacto, seja na economia, na cultura, no bem estar civil, pelo que a Europa, apesar do Acordo de Schengen, reforçou a ideia da migração mais restrita[5].

Já países como China possuem interesse em apoiar o Talibã e o Afeganistão, com vistas a explorar as riquezas que o país possui e implementar um projeto chamado "Nova Rota da Seda" com foco em gasoduto, estradas e ferrovias. Os interesses vão além da economia, existem outros interesses, como fazer contraterrorismo no Afeganistão em razão das atividades de grupos extremistas uigures em Xinjiang[6].

A manutenção de boas relações com o Afeganistão e com o Talibã diminui o apoio para as minorias muçulmanas como o grupo mencionado acima. E não

---

5   UE reforçará apoio a vizinhos para driblar entrada de refugiados afegãos. Disponível em: <https://www.poder360.com.br/internacional/ue-reforcara-apoio-a-vizinhos-para-driblar-entrada-de-refugiados-afegaos/>.

6   Os interesses de EUA, China, Rússia, Irã e Paquistão no futuro do Afeganistão. Norberto Paredes. BBC News Mundo. Disponível em: <https://www.bbc.com/portuguese/internacional-58242038>. Acesso em 31/10/2021.

se pode perder de vista que o apoio da China também faria com que o Talibã tivesse mais respeito internacionalmente e, talvez, pudesse ter a legitimidade internacional, atraindo mais investidores estrangeiros.

Um dos impedimentos para que a China se aproximasse do Afeganistão era a ocupação das tropas dos Estados Unidos e, com a saída das tropas americanas, evidentemente, o caminho fica livre para a China que não deixa de ter uma disputa constante com os Estados Unidos quando o assunto é ser reconhecido como potência.

Como se observa, cada país tem seus interesses nos acontecimentos que repercutem na sociedade internacional e os fatores ocorridos nos países que transcendem fronteiras têm diversos impactos que, a depender dos interesses e do ponto de vista, podem ser positivos ou negativos.

Não se pode deixar de pensar em migração com a retomada do poder do grupo extremista Talibã, haja vista que muitos nacionais deixaram ou vão deixar o país por não concordarem com o tipo de governo e para buscar oportunidades melhores em outros países.

Certo é que o êxodo tem seus impactos nos países vizinhos seja na forma como lidam com esse fator, seja no fato de terem política migratória mais restrita. Além do mais, o acolhimento desses cidadãos na qualidade de refugiados em países que os recebem também possui consequências, seja para o desenvolvimento, seja para a cultura e até mesmo para estabilização social.

A SEGURANÇA INTERNACIONAL E AS AÇÕES DO TALIBÃ

As relações internacionais são pautadas em diversos fatores e os atores da sociedade internacional estão em constante evolução e em constantes mudanças para atender às suas necessidades internas e externas no que diz respeito ao seu status perante os outros entes.

A segurança internacional está atrelada aos acontecimentos de grande impacto na sociedade internacional que, de alguma forma, representam uma ameaça, fazendo com que haja a necessidade de intervenção de entes responsáveis para restabelecer a paz.

Nesse mister, grande parte da evolução da sociedade como um todo é pautada em histórias de poder e de paz. Durante a primeira e a segunda guerra mundial, o foco era a paz e o poder, ou seja, havia preocupações constantes com a segurança internacional para a manutenção da ordem de modo a possibilitar o crescimento dos Estados.

Posteriormente, com o fim da II Guerra, a economia ganhou foco, deixando de lado a preocupação com a segurança internacional.

O terrorismo é uma das maiores preocupações atuais entre os Estados que atuam na sociedade internacional e está intimamente ligado à necessidade da segurança internacional.

Ações extremistas sempre terão consequência para os atores da sociedade internacional e para os seus cidadãos. O atentado do dia 11 de setembro às torres gêmeas foi a causa das invasões das tropas americanas no Afeganistão para vigiar as ações do país, bem como intensificar as buscas do líder da Al-Qaeda que era aliado do Talibã.

Pode-se dizer que a segurança internacional está relacionada ao status dos países, uma vez que, quanto mais segurança o país tem, menor a sua vulnerabilidade, conferindo eficácia à proteção interna e externamente.

Tanto é verdade, que alguns países são conhecidos como potência, causando receio nos demais em razão das forças que possuem.

As ações do talibã são conhecidas e temidas pelas extremidades que apresentam. Esse fato, por si só, já desperta o alerta para questões de segurança internacional que estão sempre alerta para qualquer movimento radical ou que possa subverter a ordem da sociedade internacional.

O restabelecimento da paz sempre prevalecerá, ainda que isso configure uma intervenção dos países responsáveis pela vulnerabilidade da segurança.

CONSIDERAÇÕES FINAIS

As relações internacionais são pautadas em diversos fatores e os atores da sociedade internacional estão em constante evolução e em constantes mudanças para atender às suas necessidades internas e externas no que diz respeito ao seu status perante os outros entes.

Questões relacionadas à migração representam impacto na sociedade, de modo geral, isto é, quando ocorre um fato que serve de gatilho para que nacionais se desloquem de um país para outro é inevitável pensar em crise migratória.

Os refugiados são os verdadeiros protagonistas das crises migratórias, são os indivíduos que, fazendo uso do direito de ir e vir, deixam seu país em busca de uma vida melhor ou estão fugindo de perseguições por motivos de crença, raça, religião etnia, opinião política ou de ações extremistas, como acontece com o Talibã no Afeganistão.

Com a retirada das tropas americanas do Afeganistão, o grupo extremista Talibã retomou o poder e causou preocupação em toda sociedade internacional, vez que era esperada uma celeuma acerca das ações que viriam em consequência.

Tão logo foi anunciada a retirada das tropas americanas do Afeganistão, um clima de apreensão se instalou, diante do envolvimento de uma das maiores potências que são os Estados Unidos e de um grupo extremista reconhecido no mundo todo por suas ações radicais.

O acordo dos Estados Unidos e Talibã para a retirada das tropas e desocupação do estado Afegão foi motivo de tensão e especulações no mundo todo, em razão do impacto do êxodo dos cidadãos afegãos para outros países, o comportamento dos países que atuam na sociedade internacional em relação ao Afeganistão e a possibilidade da exploração da formação de alianças de outros países que possuem interesses econômicos.

A Europa, prevendo uma crise migratória como em 2015 quando recebeu refugiados da Síria, se antecipou para enrijecer a política migratória, se preparando inclusive para oferecer apoio financeiro a países que fechassem as fronteiras.

Uma das coisas que ficou bastante clara no decorrer desse trabalho, pesquisando a crise migratória na Europa em 2015, foi se a crise realmente aconteceu ou se a Europa implantou o discurso para se blindar da repetição do cenário em 2015.

Interessante também observar que, enquanto alguns países temem receber os cidadãos Afegãos, outros possuem interesses econômicos e para alianças para poder.

Registre-se que, antes da pandemia, as fronteiras do Afeganistão estavam abertas e, após a retomada do poder pelo Talibã, as fronteiras foram fechadas, fazendo surgir questionamento acerca da aplicação e violação dos Direitos Humanos.

A sociedade internacional ainda não possui posição clara quanto à sua percepção sobre a retomada do Talibã ao poder e os impactos que isso pode representar para as relações internacionais e à sociedade internacional.

A forma como o governo do talibã vai se comportar ainda será alvo de muita discussão e terá reflexos em países que não desejam receber seus cidadãos e em países que desejam formar aliança, conferindo autonomia e força ao grupo extremista para que novas alianças sejam formadas.

REFERÊNCIAS BIBLIOGRÁFICAS

Accioly, Hildebrando; Silva, Geraldo Eulálio do Nascimento. Manual de Direito Internacional Público. 15ª Ed. São Paulo: Saraiva, 2002.

Advocacia Geral da União. A Corte Interamericana de Direitos Humanos é consultada sobre direito de crianças migrantes. Disponível em: <https://www.gov.br/mdh/pt-br/sdh/noticias/2013/outubro/corte-interamericana-

de-direitos-humanos-e-consultada-sobre-direito-de-criancas-migrantes>. Acesso em: 09/10/2021.

Afeganistão: a história de um país em ponto estratégico apelidado de 'cemitério de impérios'. BBC News, 2021. Disponível em: <https://www.bbc.com/portuguese/internacional-57516844>. Acesso em 28/10/2021.

Agência da ONU pede que países deixem a fronteira com o Afeganistão aberta. Disponível em: <https://g1.globo.com/mundo/noticia/2021/08/22/agencia-da-onu-pede-que-paises-deixem-a-fronteira-com-o-afeganistao-aberta.ghtml>. Acesso em 09/10/2021.

Alves, Lais Azeredo. O processo de securitização e despolitização do imigrante: a política migratória italiana nos anos 1990-2000. 2015. 122 f. Dissertação (mestrado) - Universidade Estadual Paulista Júlio de Mesquita Filho, Faculdade de Filosofia e Ciências, 2015. Disponível em: <http://hdl.handle.net/11449/124492>. Acesso em 28/10/2021.

Análise de Situação – Acordo Estados Unidos – Talibã. Moita, S. T. 2020. Disponível em: <http://ompv.eceme.eb.mil.br/conflitos-belicos-e-terrorismo/guerra-do-afeganistao/346-analise-de-situacao-acordo-estados-unidos-taliba>. Acesso em 28/10/2021.

Araújo, N.; Almeida, G. A. (Coord.). O Direito Internacional dos Refugiados. Rio de Janeiro: Renovar, 2001.

Boucault, C. E. A; Malatian, T. Políticas Migratórias – Fronteiras dos Direitos Humanos no século XXI. Rio de Janeiro: Renovar, 2003.

Blanchard, Emmanuel; Rodier, Claire. « Crise migratoire » : ce que cachent les mots. Plein Droit, Paris, v. 111, n. 4, 2016.

Clemente Jr, Sergio dos S. Estudo de Caso x Casos para Estudo: esclarecimentos acerca de suas características. Anais do VII Seminário de Pesquisa em Turismo do Mercosul, Caxias do Sul – RS, 2012.

Ferreira, S. (2016). Orgulho e preconceito: A resposta europeia à crise de refugiados. Relações Internacionais (R:I), (50), 87-107.

Fleury, Maria Tereza L. e Oliveira Jr., Moacir de M. (org). Gestão Estratégica do Conhecimento: integrando aprendizagem, conhecimento e competências. São Paulo: Atlas, 2001.

Mazzuoli, Valério de Oliveira. A proteção internacional dos direitos humanos e o Direito internacional do meio ambiente. Revista de Direito Ambiental. v. 34, p. 97 a 123. São Paulo: RT, 2005.

Macedo, Emiliano Unzer. História da Ásia : uma introdução à sua história moderna e contemporânea / Emiliano Unzer Macedo. Vitória : Universidade Federal do Espírito Santo, Secretaria de Ensino a Distância, 2016.

Mello, Celso D. Albuquerque. Curso de Direito Internacional público. 15ª Ed. Rio de Janeiro: Renovar, 2004.

Moura, Gerson. Relações Exteriores Do Brasil 1939-1950 Mudanças na natureza das relações Brasil-Estados Unidos durante e após a Segunda Guerra Mundial. FUNAG. Brasília. 2012.

ONU – Organização das Nações Unidas. Department of Peacekeeping Operations. Haiti earthquake: one-year anniversary. Disponível em: <https://www.un.org/en/peacekeeping/missions/minustah/rememberance.shtml>. Acesso em: 09/10/2021.

Os interesses de EUA, China, Rússia, Irã e Paquistão no futuro do Afeganistão. Norberto Paredes. BBC News Mundo. Disponível em: <https://www.bbc.com/portuguese/internacional-58242038>. Acesso em 31/10/2021.

Portela, Paulo Henrique Gonçalves. Direito Internacional Público e Privado: Incluindo Noções de Direitos Humanos e de Direito Comunitário. 10ª Ed. Editora Juspodivm, 2018.

Rangel, Vicente Marotta. Direito e relações internacionais. 6ª Ed. São Paulo: Revista dos Tribunais, 2000.

Rezek, Francisco. Direito internacional público. 10ª Ed. São Paulo: Saraiva, 2006.

Rodrigues, Anselmo de Oliveira. Afeganistão: epicentro da geopolítica global. Observatório Militar da Praia Vermelha. ECEME: Rio de Janeiro. 2021.

Disponível em <http://ompv.eceme.eb.mil.br/conflitos-belicos-e-terrorismo/conflitos-belicos-na-atualidade/420-af>. Acesso em 27/10/2021.

Silva, Larissa Dias Magalhães. A implementação dos Tratados Internacionais de Direitos Humanos na Constituição Federal de 1988. Brasília, 2005.

Sombra, José Flávio. História das relações internacionais contemporâneas: da sociedade internacional do Século XIX à era da globalização. São Paulo: Saraiva, 2007.

Talebã controla 'tesouro' de mais de U$1 trilhão em minérios como lítio e ouro. BBC News, 2021. Disponível em: <https://www.bbc.com/portuguese/internacional-58288062>. Acesso em 30/10/2021.

Vasconcelos, Ana Maria Nogales; Botega, Tuíla. Apresentação. In: VASCONCELOS, Ana Maria Nogales; BOTEGA, Tuíla (ed.). Política migratória e o paradoxo da globalização. Porto Alegre; Brasília: EDIPUCRS; CSEM, 2015.

Vizentini, Paulo Fagundes. Relações internacionais do Brasil - de Vargas a Lula. São Paulo: Fundação Perseu Abramo. Cap. 3: "A crise do Projeto Nacional - a resistência num contexto adverso (1979-1990)", 2003.

Yin, Robert K. Estudo de caso: planejamento e métodos. 2.ed. Porto Alegre: Bookman. 2002.

ARBITRAGEM INTERNACIONAL: CONFLITO DE LEIS APLICÁVEL NA CLÁUSULA ARBITRAL

Autor:

Ricardo Marinello de Oliveira

A arbitragem data de longos séculos, utilizada desde o período da antiguidade, mas ganhou grande importância com o surgimento da globalização, havendo relações comerciais instantâneas entre as nações, principalmente pelo avanço dos meios de comunicação.

No mesmo tempo em que globalização propicia avanço nas negociações de pessoas jurídicas ou físicas em localidades distantes, na mesma proporção cresce os conflitos de interesses, em que reside a questão de soberania dos Estados envolvidos nas atividades mercantis.

Há muito a jurisdição estatal está demonstrando ser inadequada para resolução de conflitos quando do envolvimento de soberania entre os Estados. Em decorrência da ineficiência estatal, a arbitragem é utilizada em grande escala, especialmente por ser método alternativo na solução de conflitos.

Atualmente é o meio mais utilizado para a solução de litígios oriundos de um contrato comercial internacional, haja vista ser a jurisdição arbitral modo pacífico, solucionando os litígios através de cláusulas previamente estabelecidas entre os contratantes, bem como atividade sigilosa, atuando com imparcialidade.

Em relação a arbitragem internacional, é comum existência de conflito entre os ordenamentos jurídicos a serem aplicados, ganhando importância a interpretação da lei aplicável quanto da cláusula arbitral.

A arbitragem internacional tem como princípio norteador a autonomia de vontade das partes, todavia, em determinados casos não é suficiente para resolução da controvérsia, em especial quando não está definida de forma expressa na cláusula arbitral, obrigando o tribunal arbitral utilizar de mecanismos contemplados na lex mercatória, nas doutrinas, ou jurisprudências para solucionar o conflito.

O aumento da importância da arbitragem no âmbito internacional, em especial na seara comercial, faz com que os contratantes tenham cuidado especial da lei aplicável na cláusula arbitral, pois a omissão possibilita o tribunal arbitral agir de forma discricionária, aplicando a legislação que no seu entendimento seja mais adequada para o caso.

O presente trabalho tem como objetivo apresentar as principais características da arbitragem doméstica e internacional, o conflito de leis aplicável na cláusula arbitral quando da omissão, os sistemas utilizados para dirimir a controvérsia e evitar a discussão perante a jurisdição estatal.

Para atingir o propósito, o trabalho desenvolvido está dividido em duas partes. Na primeira parte será abordada a arbitragem doméstica e arbitragem internacional, com histórico, evolução na legislação interna e internacional, bem como os principais documentos balizadores da arbitragem internacional. A segunda parte irá abordar a cláusula arbitral e aplicação da lei quando não estipulada na convenção firmada entre os contratantes.

Finalmente, destaca-se que a metodologia utilizada foi o método descritivo, em que foi desenvolvido através de pesquisas bibliográficas, legislação nacional e internacional.

ARBITRAGEM DOMÉSTICA E ARBITRAGEM INTERNACIONAL:

Atualmente, a arbitragem é o principal método de solução de conflitos no comércio internacional, com a cláusula contratual sendo a protagonista quando da negociação dos contratos internacionais.

Na legislação pátria, na era moderna, a arbitragem está regulada pela Lei nº 9.307/1996, popularmente conhecida como Lei de Arbitragem, com função jurisdicional privada.

Joel Figueira Jr[1] afirma que o juízo arbitral instituído pela Lei 9.307/1996 apresenta natureza jurisdicional, uma verdadeira jurisdição de caráter privado, sendo espécie da jurisdição exercida pelo Poder Judiciário.

Não há diferença entre arbitragem interna e internacional, pois em ambos os casos estamos diante de um modo de solucionar conflitos, com aplicação de regras adjetivas e substantivas escolhidas pelas partes.

Tanto a arbitragem doméstica como a arbitragem internacional são orientadas pelos mesmos princípios do direito. Os princípios norteadores da arbitragem são: a autonomia da vontade das partes; a lex mercatoria; o devido processo legal; imparcialidade do árbitro; da não revisão de mérito da sentença arbitral.

Para a utilização da arbitragem, dentre os requisitos obrigatórios, destacam-se de as pessoas serem capazes de contratar, objeto lícito e as questões levadas

---

1   FIGUEIRA JR, 2019, p. 121

para a resolução dos conflitos envolvendo única e exclusivamente direitos patrimoniais disponíveis. Nesse sentido:

> *A arbitragem só é admitida entre pessoas capazes de contratar, e para questões envolvendo direitos patrimoniais disponíveis, devendo a arbitrabilidade da questão ser definida tanto pelo caráter patrimonial da relação litigiosa quanto pela disponibilidade dos direitos envolvidos. A contrario sensu, são insuscetíveis de submissão à arbitragem as questões extrapatrimoniais ou as que envolvam direitos indisponíveis. Esse tema foi parcialmente regulado pelo art. 852 do Código Civil, que veda o compromisso para solução de questões de Estado, de direito pessoal de família e outras que não tenham caráter estritamente patrimonial. (ARAÚJO, 2020, p. 404)*

Não pode ser valer do instituto de arbitragem os incapazes, pessoas recolhidas ao sistema prisional (até perdurar o regime prisional) e não condenado, o insolvente civil e a massa falida.

O instituto de arbitragem, apesar de estar no sistema jurídico desde as Ordenações do Reino, com caráter obrigatório até 1866, para algumas matérias elencadas no Código Comercial de 1850, era pouco utilizado no Brasil.

A não utilização do método alternativo de resolução de conflitos no ambiente interno tinha o principal entrave na legislação nacional, eis que não favorecia a sua prática, especialmente o antigo Código de Processo Civil, não conferindo à cláusula compromissória, mas tão somente a de compromisso.

Em face da sobrecarga de demandas judiciais, a demora nas resoluções das demandas, e especialmente a obrigatoriedade anterior de levar a sentença ou laudo arbitral à homologação judicial, gerando dois procedimentos, um arbitral e um judicial, a arbitragem começou a ganhar relevância com o advento da Lei nº 9.307/1996 e confirmação de sua constitucionalidade perante o STF (Supremo Tribunal Federal).

Concomitante ao advento da Lei nº 9.307/1996, o Brasil ratificou a Convenção Interamericana sobre Arbitragem Internacional (Convenção do Panamá de 1975), promulgada pelo Decreto nº 1.902/1996 e a Convenção Interamericana sobre a Eficácia Extraterritorial das Sentenças e Laudos Arbitrais Estrangeiros (Convenção de Montevideo de 1979, promulgada pelo Decreto nº 2.411/1997.

Somente no ano de 2002, através do Decreto 4.311/2002, o Brasil ratificou a Convenção sobre Reconhecimento e a Execução de Sentenças Arbitrais Estrangeiras (Convenção de Nova York de 1958), documento de maior relevância para viabilização da arbitragem internacional.

No âmbito interno, a entidade pioneira a trabalhar com arbitragem foi o Centro de Arbitragem e Mediação da Câmara de Comércio Brasil-Canadá, criado em 26 de julho de 1979, situado nos Municípios de São Paulo/SP e Rio de Janeiro/RJ.

Dentre as várias inovações trazidas pela Lei nº 9.307/1996 (sistema de arbitragem monista), não tendo o legislador nacional preocupação para estabelecer uma regra própria para caracterização da arbitragem internacional, destaca-se a equiparação da cláusula compromissória ao compromisso, sendo denominada de forma genérica de convenção de arbitragem.

Havendo convenção de arbitragem celebrada em conformidade com os requisitos exigidos na legislação, isto é, cláusula compromissória e compromisso arbitral, afasta a controvérsia ser dirimida pelo Poder Judiciário.

Todavia, para evitar qualquer discussão acerca da convenção de arbitragem e fazer com tenha eficácia das cláusulas estipuladas no contrato, deve-se evitar a adoção de legislação estrangeira quando estamos diante da arbitragem doméstica.

Acerca da arbitragem internacional, a legislação nacional não estabelece critérios/requisitos para que possamos identificar o que efetivamente é arbitragem doméstica ou internacional. A definição de arbitragem internacional é construída ao longo do tempo, com análises dos julgamentos proferidas pelas Instâncias Superiores e estudo aprofundado das doutrinas.

O legislador nacional, através da Lei nº 9.307/1996, art. 34, parágrafo único, se atentou para a identificação de sentença nacional e estrangeira, critério de grande valia para os requisitos processuais necessários para produção dos efeitos no ordenamento jurídico interno.

Apesar de não definir o conceito da arbitragem internacional, a diferenciação de sentença nacional e estrangeira proporciona estabelecer a tramitação no âmbito interno para eficácia da decisão proferida. Na decisão estrangeira é necessária, para produzir os seus efeitos, sua homologação perante o STJ (Superior Tribunal de Justiça), enquanto a sentença nacional tem eficácia imediata, e no caso de ser condenatória, automaticamente torna-se título executivo judicial.

> *A expressão arbitragem internacional engloba três modalidades diversas: a arbitragem de direito internacional público, a arbitragem de investimos e a arbitragem internacional. (DOLINGER e TIBURCIO, 2018, p. 633)*

A dificuldade para a conceituação da arbitragem internacional reside no fato de várias legislações adotarem diferentes critérios, não havendo uniformização nos ordenamentos jurídicos. Os critérios com vasta utilização na seara global são: geográfico, econômico, jurídico...

Uma breve análise da Lei de Arbitragem chega-se à conclusão de que o legislador nacional adotou o critério geográfico para distinguir arbitragem doméstica da internacional, de acordo com os ensinamentos de Nadia de Araujo[2].

O vasto material doutrinário existente permite tentativa de construção do conceito de arbitragem internacional como cláusula convencionada em contrato com interesses comerciais em nível internacional/global, assentada na autonomia da vontade das partes e ampla liberdade de contratação.

Na data de 21 de junho de 1985 a Comissão das Nações Unidas para a Legislação Comercial Internacional (United Nations Comission for Internacional Trade Law) criou a Lei Modelo Uncitral, que posteriormente foi alterada pela Comissão das Nações Unidas para o Direito do Comércio Internacional em 07 de julho de 2006, com 41 artigos que regulamentam conjunto de regras/procedimentos, desde a notificação das partes até a sentença, aplicáveis na arbitragem comercial internacional.

A Lei Modelo, em seu artigo 1º, § 3º, considerou ser arbitragem internacional quando as partes em uma convenção de arbitragem tiverem, no momento da sua conclusão, as suas sedes comerciais em diferentes Estados; ou um dos locais a seguir referidos estiver situado fora do Estado no qual as partes têm a sua sede:

(i) O local da arbitragem, se determinado na, ou de acordo com, convenção de arbitragem;

(ii) Qualquer local onde deva ser cumprida uma parte substancial das obrigações resultantes da relação comercial ou o local com o qual o objeto da disputa tenha vínculos mais estreitos; ou

(iii) As partes tiverem convencionado expressamente que o objeto da convenção de arbitragem envolve mais de um país.

Apesar de a principal característica da arbitragem internacional ser a autonomia da vontade das partes, é de suma importância destacar que deve estar vinculada ao ordenamento jurídico interno. Isto é, as normas estabelecidas

---

2   ARAUJO, 2020, p. 405

pelos contratantes, obrigatoriamente, devem estar de acordo com a legislação internacional ou interna.

No caso específico do Brasil, não terá eficácia qualquer decisão contrária a ordem púbica, os costumes e especialmente a soberania nacional, relativizando o princípio da autonomia de vontade das partes.

Em se tratando de arbitragem internacional, conforme referido, fundamental ter conhecimento de qual legislação deve ser aplicada. As opções para a escolha da legislação estão contempladas na Lei Modelo.

Para escolha da legislação aplicada, a Lei Modelo estabelece a gradação a ser respeitada pelas partes contratantes, na ordem que segue:

- respeito as regras entabuladas pelas partes;

- não havendo indicação, o Tribunal aplicará a regra da legislação indicada à espécie;

- havendo previsão das partes, o Tribunal decidirá livremente.

Em decorrência da globalização, o comércio internacional gera milhares de negócios diários em todos os continentes, e por via de consequência, ocorrência de inúmeros conflitos. Por ser a arbitragem internacional método de resolução de conflitos, os contraentes o elegem por ter maior celeridade e baixo custo mediato em relação aos processos judiciais tradicionais, oferecendo justiça de melhor qualidade, uma vez de os árbitros terem formação técnica na área de atuação específica, também neutralidade do fórum e maior chance de execução da sentença arbitral.

No âmbito internacional, é de suma importância mencionar ser dever das partes escolherem o idioma a ser usado no procedimento arbitral e o lugar em que o julgamento será proferido, sob pena de gerar discussões e a inviabilidade do procedimento arbitral.

Além disso, a arbitragem, na esfera doméstica como no âmbito internacional, tem como objetivo afastar a jurisdição das justiças estatais, tanto do país de uma parte como do da outra parte.

Vários são os Tribunais Arbitrais Internacionais, mas atualmente os de maiores destaques são: Corte Internacional de Arbitragem, Associação de Arbitragem Americana; Corte de Arbitragem de Londres; Câmara de Comércio de Estocolmo; Câmara de Comércio de Tóquio e Tribunal Arbitral da Bolsa de Comércio de Buenos Aires.

CLÁUSULA ARBITRAL E LEGISLAÇÃO APLICÁVEL:

A arbitragem, considerado o principal método de conflito no comércio internacional, inicia-se quando os contratantes celebram a convenção de arbitragem, sendo considerada gênero, e na qual admite duas espécies: a cláusula compromissória e o compromisso arbitral, havendo diferenciação nas espécies. Senão vejamos:

> *A cláusula compromissória é o negócio jurídico que prevê a sujeição à arbitragem de qualquer litígio futuro vinculado a determinada relação jurídica, ordinariamente de natureza contratual. Já o compromisso arbitral é o ajuste firmado diante de um conflito já existente, por força do qual as partes acordam submeter sua disputa à arbitragem. Como é fácil perceber, a diferença essencial entre a cláusula e o compromisso arbitral reside justamente no momento de sua celebração; a primeira é anterior a qualquer disputa e o segundo é instituído em face de um litígio concreto. (DOLINGER e TIBURCIO, 2018, p. 629)*

A LArb (Lei de Arbitragem), em seu art. 9º conceituou o compromisso arbitral como sendo a convenção através da qual as partes submetem um litígio à arbitragem de uma ou mais pessoas, podendo ser judicial ou extrajudicial.

O legislador brasileiro estabeleceu ser a cláusula arbitral autônoma da obrigação principal, sendo um contrato anexo ao principal, tendo como requisito formal ser a convenção escrita. O compromisso arbitral pode ser judicial, firmado por termos nos autos ou extrajudicial, celebrado por instrumento particular ou mediante instrumento público.

> *A cláusula arbitral, dependendo do seu conteúdo e especificações, poderá tipificar-se como cheia ou vazia. Denomina-se cláusula compromissória cheia aquela que, além de indicar que eventuais conflitos decorrentes daquele contrato serão resolvidos por meio da jurisdição privada, informa ainda quem será o arbitrário, o tribunal arbitral ou a instituição arbitral responsável pela resolução da lide...*
>
> *Diferentemente, vazia será a cláusula que se limita a informar acerca da vontade das partes em renunciar à jurisdição estatal para a resolução de eventuais conflitos decorrentes daquele contrato entre elas firmado, deixando, assim, para quando do surgimento da lide, procederem à indicação de árbitro, tribunal ou instituição arbitral e definição de outros elementos atinentes ao compromisso arbitral. (FIGUEIRA JR, 2019, p. 170-171)*

Em conformidade com os arts. 10 e 11 da LArb, nada impede que a cláusula compromissória cheia contenha diversos elementos e até mesmo requisitos do compromisso arbitral, todavia, é vedada conter na cláusula compromissória a matéria a ser objeto de arbitragem, pois a controvérsia somente será definida quando surgir o conflito de interesses dos contratantes.

Outrossim, na cláusula vazia, ocorre a demonstração de vontade das partes para arbitrar qualquer controvérsia surgida, mas não permite a instauração imediata do processo arbitral, pois não há elementos necessários para a instauração, havendo tão somente convenção em arbitrar.

Na cláusula compromissória vazia há lacuna acerca à forma de instauração do procedimento arbitral, fazendo necessário formalização do compromisso arbitral em consonância com os arts. 6º e 7º da Lei 9.307/96, isto é, a consequência da cláusula vazia é a inviabilidade da provocação imediata do Tribunal Arbitral.

A cláusula compromissória, cheia ou vazia, pode ser convencionada em momento posterior da celebração do contrato mercantil, em que as partes firmam termo aditivo (art. 4º da LArb).

Para suprir controvérsias do compromisso arbitral, o padrão a ser utilizado deve ser as cláusulas cheias, possibilitando a imediata instauração do procedimento, impedindo que as partes tenham que recorrer a jurisdição estatal para o cumprimento do convencionado.

No ordenamento jurídico, deve-se atentar para o disposto no art. 9º da Lei de Introdução Às Normas do Direito Brasileiro, na qual define que as regras e obrigações são regidas pela lei do país em que foi constituída.

> *Art. 9º. Para qualificar e reger as obrigações, aplicar-se-á a lei do país em que se constituirem.*

Apesar da apresentação e considerações da arbitragem doméstica, necessária para o entendimento do estudo proposto, o foco do presente artigo é a arbitragem internacional. Com isso, sendo a Convenção de Nova York o documento de maior relevância, necessário que os contratantes, ao convencionar o compromisso arbitral, para fins de validade do instrumento, obrigatoriamente devem assinar, de acordo com o art. II da Convenção.

Em caso envolvendo mais de um indivíduo que compõe cada parte da relação negocial, o compromisso arbitral somente terá validade com a anuência de todos os envolvidos. Não sendo firmado por todos os contratantes, a cláusula arbitral é passível de nulidade, acarretando o encerramento do procedimento sem julgamento de mérito.

Para que os contraentes possam fazer uso da arbitragem, como regra geral, deve haver compromisso arbitral, na qual possuiu requisitos próprios estabelecidos no art. 10 da LArb, representando, em síntese, negócio jurídico com forma prescrita em lei.

O compromisso arbitral tem efeito vinculativo com as partes contratantes, resultado de consenso entre as partes, devendo ser cumprido na totalidade do convencionado, com a exclusão da análise do conflito perante o Poder Judiciário, fazendo valer a autonomia de vontade das partes. Princípio balizador na arbitragem nacional e especialmente na arbitragem comercial internacional, evitando a violação do contrato, das leis e dos tratados internacionais.

Quando da confecção da convenção de arbitragem, deve-se estipular qual a lei aplicável na referida convenção. Ocorre que na prática, na maioria dos casos, na há menção expressa da vontade das partes, cabendo ao Tribunal avaliar todo o arcabouço jurídico para definição da lei aplicável na convenção firmada pelos contratantes.

Na elaboração da cláusula arbitral, fundamental esclarecer para os contratantes qual a legislação deverá convencionar, e as consequências da escolha. Além dos esclarecimentos aos contratantes, a cláusula deve ser bem redigida, com clareza para entendimento das partes e uso de terminologia consistente, para evitar o máximo de dúvidas que possam surgir.

Não havendo redação clara na cláusula arbitral e a não prestação de esclarecimentos as partes, propicia a qualquer das partes procurar abrigo na jurisdição estatal, acarretando prejuízos financeiros em decorrência da demora e a falta de conhecimento técnico dos operadores estatais.

Em se tratando de âmbito internacional, destacam-se três sistemas legais que podem constar no contrato de comércio: lei da convenção de arbitragem e sua execução, a lei que regula o procedimento arbitral, e a lei que regulamenta o contrato principal.

AUTONOMIA DOS CONTRATANTES PARA ESTABELECER A LEI APLICÁVEL NA CLÁUSULA ARBITRAL:

Na arbitragem internacional, a vontade das partes estipulada no compromisso arbitral possui plena aceitação perante a legislação, jurisprudência e doutrina. Mas conforme já referido, em muitos dos casos, por falta de conhecimento ou estratégia, as partes não estipulam a legislação que deva ser aplicada a convenção de arbitragem, convencionando expressamente escolha geral da legislação aplicável.

Há de ressaltar que a confiança entre as partes contratantes é o basilar do processo arbitragem, isto é, acordo ético. Em se tratando de fatos surgidos após assinatura do contrato internacional, as partes assumem o compromisso de encaminhar ao processo arbitral a controvérsia.

O compromisso arbitral é elemento basilar de orientação quando é suscitada a incompetência do Tribunal Arbitral, bem como preliminares arguidas discutindo à validade e o propósito da cláusula arbitral.

Em decorrência da sua importância, o instrumento deve ser confeccionado após análise geral do negócio entabulado entre as partes, e estudo aprofundado da legislação aplicável, devendo ser inserido no compromisso arbitral qual a lei deva ser aplicada, para evitar interpretações diversas, restringindo a análise do árbitro.

Havendo omissão na convenção de arbitragem da legislação aplicável ao caso, o tribunal arbitral poderá se utilizar da lei aplicável no contrato principal ou aplicação da lei da sede da arbitragem, tendo como embasamento legal os artigos 34 e 36 da Lei Modelo da UNCITRAL.

Para defender a lei aplicável do contrato principal, a doutrina que se filia a tese possui o entendimento de haver uma presunção na sua aplicação, não sendo lógico aplicar legislação diversa da que está estabelecida no contrato principal.

Todavia, em caso de lei do contrato principal invalidar a convenção de arbitragem, com aplicação de regra priorizando somente a legislação disposta no principal, a convenção de arbitragem é nula.

Em contrapartida, muitos são os doutrinadores defensores da tese de que a lei da sede, em consonância com a autonomia de vontade das partes, pode ser orientada por lei diversa da estabelecida no contrato principal[3].

A omissão da legislação aplicável no compromisso arbitral, além das alternativas supra, é dirimida através da prática diária, especialmente analisando casos análogos e participando de julgamento anteriores, adquirindo conhecimento e prática necessária para estabelecer a lei a ser aplicada na cláusula arbitral, não gerando insegurança nas partes envolvidas na resolução do conflito.

Conforme exposto anteriormente, as negociações mercantis internacionais são realizadas de forma instantânea, com as partes estabelecidas nas regiões mais diversas, sequer havendo contato pessoal, se desenvolvendo em um ambiente anacional, ou como muitos doutrinadores definem como direito transnacional, em que os atores do mercado começaram a pré-definir regras e cláusulas.

A definição das regras e cláusulas dos contratos mercantis pelos atores do mercado são estipuladas em consonância com os princípios da autonomia da vontade e a força obrigatória dos contratos, em que permite, em caso de omissão no compromisso arbitral, definir a aplicação da lei no caso debatido.

Quando a controvérsia surgida na execução do contrato tiver que ser resolvida por práticas consagradas no direito internacional, utilizando princípios gerais de direito, usos e costumes, com formação de um conjunto de normas, chama-se lex mercatoria.

A lex mercatoria trata-se de um conjunto ordenado de procedimentos advindos da prática comercial internacional, com adoção reiterada de cláusulas

---

3   MARQUES, 2015.

padrão e práticas reiteradas reconhecidas por organização supranacionais, não havendo vinculação com sistema legal.

Por não estar diretamente vinculada a ordem jurídica estatal, a lex mercatoria trata-se de um direito transnacional criada dentro da ordem jurídica internacional, com objetivo de propiciar segurança jurídica para os envolvidos na controvérsia surgida.

Não sendo estipulada na cláusula arbitral a lei que deve ser aplicada quando do surgimento da controvérsia, a lex mercatoria é de grande valia, por ser um sistema de direito material, criado através dos costumes, práticas comerciais internacionais pelos principais atores do comércio mercantil.

A omissão de estabelecer a lei quando da confecção da cláusula arbitral propicia o árbitro exercer um dos seus grandes poderes, que consiste na definição de qual lei será aplicada na arbitragem. O poder de se estabelecer a legislação aplicável através do árbitro está contemplado em várias legislações, especialmente no art. 28 da Lei Modelo.

A conclusão é de que os poderes dos árbitros no âmbito do comércio internacional não estão vinculados com administração da justiça em nome de um Estado qualquer, mas exercem função jurisdicional global, isto é, a serviço da comunidade internacional, atuando de forma independente.

A Lei Modelo permite que o tribunal arbitral possa aplicar qualquer sistema legal no caso analisado, fazendo com que o Tribunal não esteja atrelado às regras do direito internacional privado, gozando de maior poder que os tribunais nacionais, definindo qual a lei deve ser aplicada no conflito analisado.

Nota-se que a omissão da lei aplicável na cláusula arbitral ocasiona inúmeras dúvidas, mas no âmbito internacional é largamente utilizado o princípio da validação, em que uma cláusula contratual deve ser interpretada para dar maior efetividade possível as suas disposições. Apesar de ser aplicada pela grande maioria dos Tribunais, ainda encontra resistência nas cortes, preferindo aplicar a legislação de seu próprio país, com isso atraindo para si a competência e aplicando no julgamento o sistema legal em que estão familiarizadas.

Nos contratos de comércio internacional, quando apresentado um caso ao Tribunal Arbitral, este deve priorizar o acordo na qual há claramente intenção das partes em arbitrar, procurando formas para não invalidar o acordo das partes, dentro dos aspectos da legislação aplicável.

Inúmeras são as divergências da aplicação da lei na cláusula arbitral quando esta for omissa, com entendimentos diversos dos atores do comércio mercantil, e desta forma várias instituições internacionais tomaram a iniciativa de alterar os regimentos internos visando deixar mais claro a legislação aplicável no compromisso arbitral.

Na grande maioria dos contratos internacionais, a arbitragem tem como sede fórum neutro, fazendo com que a lei do local da arbitragem escolhida ser totalmente diversa da vontade das partes na resolução do conflito em disputa.

Dentre as instituições que promoveram alterações em seus regimentos para dirimir a controvérsia da lei aplicável quando da ausência na cláusula arbitral, destaca-se a Câmara de Arbitragem Internacional de Londres (LCIA), que no ano de 2014 promoveu a introdução de disposição estabelecendo que a lei da cláusula de arbitragem será a lei da sede designada pelas partes, dede que não haja acordo entre as partes fixando o contrário.

Também no ano de 2014, a principal Câmara de Arbitragem nos tempos atuais pelo grande fluxo de negócios e o estabelecimento de grandes empresas mundiais em seu território, a Câmara de Arbitragem Internacional de Hong Kong (HKIAC) realizou sua cláusula modelo, fazendo a inserção expressa da lei aplicável à cláusula arbitral, motivando as partes selecionarem o sistema legal aplicável.

CONSIDERAÇÕES FINAIS

A arbitragem é o método de resolução de conflitos mais utilizado, especialmente no comércio internacional, quando há envolvimento de direitos patrimoniais disponíveis, no ambiente interno e internacional.

O legislador nacional somente conceituou arbitragem doméstica, deixando de conceituar a arbitragem internacional, somente trazendo diferença, no art. 34, parágrafo único da Lei nº 9.307/1996, entre sentença nacional e estrangeira, adotando o critério geográfico para diferenciar arbitragem doméstica da arbitragem internacional.

A cláusula arbitral possui extrema relevância, tendo efeito vinculativo entre as partes, priorizando o princípio base da arbitragem, a autonomia de vontade das partes, excluindo o Poder Judiciário na análise de um possível conflito entre as partes. É um instrumento autônomo, com necessidade de anuência de todos os contratantes, considerado secundário ao contrato principal.

O conflito de qual lei é aplicável na cláusula arbitral tem como ocorrência o não conhecimento parcial ou o completo desconhecimento da legislação aplicada a arbitragem e a falta de prática, isto é, a não atuação perante os Tribunais Arbitrais.

Havendo expressamente na cláusula arbitral a determinação de qual lei aplicável, evitaria qualquer possibilidade de interpretação diversa ou atuação discricionária do Tribunal Arbitral que está julgando o conflito.

Para evitar qualquer discussão acerca da legislação aplicável, deve ser formalizada cláusula compromissória cheia, em que a indicação da instituição que fará a administração da arbitragem permite as partes terem conhecimento prévio de todas as regras e providências para a instituição da arbitragem.

Além da cláusula compromissória cheia, o instituto da lex mercatoria é de suma importância, pois é construído ao longo do tempo, através dos costumes e reiterada práticas comerciais, com padronização das cláusulas contratuais, em especial a cláusula arbitral, sem vinculação com sistema legal.

A cláusula arbitral, sendo omissa acerca da lei aplicável, propicia aos tribunais, com embasamento na Lei Modelo da UNCITRAL, utilizarem a lei aplicável no contrato principal ou a lei da sede da arbitragem.

Com o objetivo de evitar a anulação de acordos de arbitragem no âmbito internacional, deve haver a conjugação do princípio da validação e a vontade das partes em resolver o conflito perante Tribunal Arbitral, excluindo a análise e julgamento pela justiça estatal, não tendo conhecimento específico para apreciar a matéria do conflito entre as partes.

A mola propulsora da economia mundial é o comercio internacional entre pessoas jurídicas ou físicas situadas em diferentes partes dos continentes, e o ambiente de negócios propiciados pelo surgimento e avanços da globalização gera entendimento de que a resolução de conflitos através das cortes arbitrais possui legitimidade e a mesma eficácia das decisões proferidas pelas justiças estatais.

REFERÊNCIAS BIBLIOGRÁFICAS

ARAÚJO, Nadia de. Direito internacional privado: teoria e prática brasileira. 9ª ed. São Paulo: Thomson Reuters Brasil, 2020.

BRASIL. Decreto-lei nº 4.657, de 04 de setembro de 1942.

BRASIL. Lei nº 9.307, de 23 de setembro de 1996.

CAHALI, Francisco José. Curso de arbitragem: mediação, conciliação, tribunal multiportas. 9ª ed. São Paulo: Thomson Reuters Brasil, 2022.

DINAMARCO, Cândido Rangel. A arbitragem na teoria geral do processo. São Paulo: Malheiros, 2013.

DOLINGER, Jacob; TIBURCIO, Carmen. Direito internacional privado. 14ª ed. Rio de Janeiro: Forense, 2018.

FIGUEIRA JR, Joel. Arbitragem. 3ª ed. São Paul: Forense, 2019.

GAILLARD, Emmanuel. Teoria jurídica a arbitragem internacional. São Paulo: Atlas, 2014.

GUILHERME, Luiz Fernando do Vale Almeida. Manual de arbitragem e mediação: conciliação e negociação. 6ª ed. São Paulo: Saraiva Educação, 2022.

LEVY, Daniel; PEREIRA, Guilherme Setoguti J. Curso de arbitragem. 2ªed. São Paulo: Thomson Reuters Brasil, 2021.

MARQUES, Ricardo Dalmaso. A lei aplicável à cláusula arbitral na arbitragem comercial internacional. Revista Brasileira de Arbitragem, v.12, nº 47, São Paulo, 2015.

NERY JUNIOR, Nelson e ANDRADE JUNIOR, Rosa Maria de. Leis civis comentadas e anotadas. 5ª ed. São Paulo: Thomson Reuters Brasil, 2019.

RAMOS, André de Carvalho. Curso de direito internacional privado. 2ªed. São Paulo: Saraiva Educação, 2021.

STRENGER, Irineu. Direito Internacional Privado. 5ª ed. São Paulo: LTr, 2005.

CONFLITOS INTERNACIONAIS – O PAPEL DA CORTE INTERNACIONAL DE JUSTIÇA

Autora:

Arinéia Barbosa de Macedo

O tema conflitos internacionais sempre foi muito relevante no âmbito do Direito Internacional Público, pois até o começo do século XX a opção legítima para que os Estados resolvessem os conflitos era por meio da guerra. Com a Convenção de Haia em 1907, a guerra hoje é um ilícito internacional e o próprio direito internacional demonstrou nitidamente o repúdio à guerra, pois atualmente são firmados vários instrumentos previstos na Carta das Nações Unidas para soluções de conflitos.

O presente artigo visa analisar o atual papel da Corte Internacional de Justiça perante os diversos tipos de conflitos internacionais. Será abordado sobre o problema com o surgimento das Organizações Internacionais, tornando o papel da Corte Internacional fragilizado.

Esse trabalho abordar-se-á o conceito de conflito internacional, tipos e soluções de conflitos e o atual papel da Corte Internacional. Também será exemplificado um caso de conflito que surgiu recentemente envolvendo a

República Popular da China e se é possível a demanda na Corte Internacional de Justiça. A metodologia utilizada para esse artigo foi o teórico-jurídico.

CONCEITO DE CONFLITOS INTERNACIONAIS

Quando se fala em conflitos internacionais, logo vem à mente uma guerra armada entre países em que se espera o "vencedor", não podendo deixar de citar que num conflito seja ele armado (guerra) ou de interesses, uma das partes logicamente terá que ceder, sendo que "as guerras foram capazes de promover a riqueza de vários povos, por meio da derrota de outros, alargarem territórios, exaltar líderes, declarar heróis e etc". (Silva e Silva, 2019, p. 4).

A guerra sempre foi utilizada para por fim a uma disputa e solucionar controvérsias, utilizavam-se do uso da força, sendo muito comum e natural:

> *Assim, desde o surgimento dos Estados, como modernamente definidos, no século XVI, existiu a busca por meio de solucionar controvérsias, sendo que até o século XX a guerra era o meio mais utilizado para tal. (JUBILUT, 2007, p.140)*

A guerra a partir do início do século XX tornou-se um ilícito internacional quando foi proibida pelo Pacto da Liga das Nações, mas, mesmo assim, as guerras não deixaram de existir e nem foram banidas do direito internacional, apenas foram limitadas. Isso porque há uma exceção para a guerra, que é a legítima defesa. Lembrando que numa sociedade organizada os conflitos internacionais sempre se farão presentes devido o modo distinto de pensamentos.

A antiga Comissão Permanente de Justiça Internacional – CPJI, antecessora da Corte Internacional de Justiça ou Corte da Haia, órgão judicial da Organização das Nações Unidas – ONU, que na sociedade internacional é o tribunal judiciário mais importante, conceituou os conflitos ou litígios internacionais como "todo desacordo sobre certo ponto de direito ou de fato, toda contradição ou oposição de teses jurídicas ou de interesses entre dois Estados". (Menezes, 2002, p.4).

Atualmente, esse conceito está muito avançado, pois há vários tipos de conflitos além do jurídico e político. Os conflitos internacionais, hoje, são de diversos aspectos como religiosos, culturais, ambientais, comerciais, poder, meio ambiente, marítimo, direitos humanos, cibernéticos, etc. A lista não é taxativa. Silva e Silva observam o seguinte:

> Como se pode observar, na antiguidade e idade média, as guerras eram provocadas especialmente por motivos étnicos e religiosos, ao passo que os conflitos em razão de interesses políticos e econômicos são mais recentes. (2019, p.4).

Então, pode-se afirmar que os conflitos internacionais, desde muito tempo, possuem natureza política e econômica, bases principais dos atores internacionais quando envolvem interesses.

SOLUÇÃO DE CONFLITOS INTERNACIONAIS

Ao longo da história tem-se buscado uma solução pacífica de conflitos entre os Estados, tendo em vista que sempre haverá conflitos quer sejam eles internacionais, internos, etc. Os conflitos, qualquer sejam eles, jamais deixarão de existir enquanto houver inquietudes.

Com a criação da ONU em 1945 e a Organização dos Estados Americanos, a solução de conflitos começou a se dar pela negociação diplomática ou pelo viés de soluções jurisdicionais, com destaque para a arbitragem e procedimentos nos tribunais internacionais. Surgindo algum conflito entre Estados, o artigo 33 da Carta das Nações Unidas dispõe:

> *As partes em uma controvérsia, que possa vir a constituir uma ameaça à paz e à segurança internacionais, procurarão, antes de tudo, chegar a uma solução de por negociação, inquérito, mediação, conciliação, arbitragem, solução judicial, recurso a organismos ou acordos regionais, ou a qualquer outro meio pacífico à sua escolha.*

A princípio, de acordo com o dispositivo, esses são meios pacíficos de solução de conflitos internacionais, que segundo a melhor doutrina subdivide-se em três seguimentos: meio diplomático, meio político e meio jurisdicional.

Por meio diplomático, os conflitos internacionais se resolvem mediante negociação sem intervenção de terceiros, isso se dá por meio das chancelarias e embaixadas através de troca de notas.

Em relação ao meio político, os conflitos se resolvem por meio de instâncias políticas como a Assembléia Geral e Conselho de Segurança das Nações, desde que o conflito seja grave e ameace à paz.

Quanto ao meio jurisdicional, a solução de conflitos é pela arbitragem, que é forma temporária, onde se escolhe o árbitro, expõe-se a matéria conflitante e aplica-se o direito.

Assim, há diversos instrumentos já delineados pela Carta das Nações Unidas para os Estados resolverem seus conflitos internacionais pacificamente, sendo o meio diplomático a forma mais simples de acabar com a controvérsia internacional.

O PAPEL DA CORTE INTERNACIONAL DE JUSTIÇA

A Corte Internacional de Justiça é um dos mais importantes tribunais internacionais de caráter universal, instituída em 1920 pelo Pacto da Liga das Nações, com sede em Haia - Holanda, tendo primeiramente o nome de Corte Permanente de Justiça Internacional (CPJI). Após a segunda Guerra Mundial, essa Corte foi extinta e recebeu novo nome que atualmente é a Corte Internacional de Justiça, possuindo prestígio e relevância tem em vista o seu posicionamento de status como órgão da ONU.

A criação da Corte Internacional de Justiça teve como principal objetivo evitar novas guerras entre os países, incluindo também a manutenção da paz mundial. Esse é o papel da Corte Internacional de Justiça conforme artigo 92 da Carta das Nações Unidas. A esse respeito Souza (2015, p.21) assim diz:

> *A Corte Internacional de Justiça julga, de forma definitiva, pronunciando sentenças judiciais a respeito de assunto contenciosos, formando opinião e emitindo pareceres sobre algo fundamental para a solução de controvérsias que afetam diretamente povos e nações, contribuindo para a harmonia mundial.*

Há de se observar que a jurisdição da Corte não é automática, ficando na dependência da vontade dos litigantes, na boa vontade dos Estados, ou seja, a Corte Internacional não pode agir de ofício, mas apenas com a provocação das partes interessadas.

Geralmente, os Estados buscam resolver seus conflitos pela forma diplomática, por negociação, mediação e também por meio de sistemas regionais como, por exemplo, a União Européia, União Africana, Liga Árabe,

Organização dos Estados Americanos ou até mesmo os sistemas especiais como Organização Mundial da Saúde, Banco Mundial e Tribunais Penais.

Praticamente, os Estados são resistentes em submeter questões à Corte Internacional de Justiça, pois não aceitam que outrem, mesmo com autoridade, como os tribunais internacionais, resolvam questões que são de grande importância nacional para aquele país. Os Estados, atualmente, preferem solucionar seus conflitos através de negociações diretas do que se submeter à Corte, por ser a forma mais simples.

Além do mais, conflitos internacionais envolvendo questões de origem política, econômica, comercial, ambiental, por exemplo, que são de grandes repercussões, entende-se que nenhum Estado permita que um terceiro, ou seja, um "estranho" intervenha em questões que é interesse somente daqueles Estados, podemos citar aqui os Estados Unidos da América e República Popular da China em questões comerciais.

Ressalte-se que a Corte Internacional de Justiça só atua em litígios em que as partes sejam Estados, todos os membros da ONU e ainda os Estados que não fazem parte da ONU, ou seja, a competência da Corte é restrita. Quanto às organizações internacionais, estas não podem ser parte em litígio, podem apenas prestar informações à Corte e solicitar pareceres.

A Corte Internacional de Justiça não pode atuar contra indivíduos, por mais que estes sejam causadores da instabilidade da paz mundial. Caso indivíduos cometam crimes em relação à guerra, são competentes para julgamento os Tribunais Penais Internacionais.

É possível na Corte Internacional de Justiça um Estado ajuizar uma demanda contra outro Estado e este não ser obrigado a submeter os conflitos à Corte, e esta só será competente se o que foi demandado aceitar em comparecer perante o Tribunal. É o chamado princípio do "forum prorrogatum" em que a competência da Corte só é determinada quando há o consentimento dos Estados litigantes. A Corte só é competente para julgar um conflito que for submetido a ela naquele momento, não reconhecendo os futuros.

Discute-se sobre quais os tipos de conflitos resolvidos pela Corte Internacional de Justiça. A resposta está no artigo 36 do Estatuto da Corte Internacional de Justiça que afirma:

> A competência da Corte se estende a todos os litígios que as partes a submetam e a todos os assuntos especialmente previstos na Carta das Nações Unidas ou nos tratados e convenções vigentes.

Assim, como está previsto expressamente, a Corte Internacional de Justiça é competente para julgar qualquer conflito, desde que aquela demanda seja submetida a ela e reconheça sua jurisdição se os Estados permitirem e ainda reconhecerem o Estatuto do Tribunal.

Apesar de ser um órgão judicial muito importante da ONU, a Corte Internacional de Justiça teve o seu papel enfraquecido ante o surgimento de tribunais e órgãos internacionais independentes, globais e de alcance limitado, pois esses órgãos que proferem decisões jurídicas. Vieira (2008, p.154), ao explicar o papel da Corte diz:

> Cabe ressaltar que, atualmente, a consolidação do papel da Corte Internacional de Justiça não é freada pelos tribunais criados mais recentemente. Enquanto, no momento de sua criação em 1946, a Corte era o único órgão jurisdicional, atualmente ela mantém relações cooperativas com as demais instituições, como os tribunais criminais ad hoc e o Tribunal Penal Internacional.

O papel da Corte Internacional de Justiça ainda continua sendo exercido e tem sua importância, mas pode-se dizer que está obscurecido com a atuação dos atores internacionais que detém poder de decisão jurídica, como, por exemplo, as Cortes Regionais de Direitos Humanos e o Tribunal Penal Internacional. Isso é um problema e um empecilho para a Corte exercer de fato a sua jurisdição, como expõe Neto e Ribeiro:

> Em diversas áreas internacionais, nota-se essa crescente utilização de mecanismos jurisdicionais como fator complementar para resolver as questões mundiais. No âmbito do comércio, a Organização Mundial do Comércio possui sistema de resolução de controvérsias próprio. No âmbito dos Direitos Humanos, existem as Cortes Regionais e o próprio Tribunal Penal Internacional, que são exemplos do fortalecimento da judicialização de certas questões, sem que haja interferência para as soluções amistosas ou diplomáticas. (2016, p. 282).

UM CASO ATUAL DE CONFLITO INTERNACIONAL: CHINA E A RESPONSABILIZAÇÃO PERANTE À CORTE INTERNACIONAL DE JUSTIÇA EM DECORRÊNCIA DE PANDEMIA

Atualmente, estamos vivenciando uma situação de pandemia em virtude da Covid-19 que surgiu na cidade de Wuhan na República Popular da China no final do ano de 2019, causando danos humanos e econômicos no mundo inteiro. Danos humanos, devido à infecção e a grande ceifa de vidas em tempo recorde que segundo noticiários chega próximo a 300.000 mil mortes no mundo inteiro, número esse que aumenta todos os dias. Além disso, pessoas saudáveis para não se contaminarem são obrigadas, até por força de lei, a ficarem em casa sem ter contato externo com outras pessoas, a chamada quarentena, o isolamento social.

Relativamente, no caso de danos econômicos, a maior parte das empresas que prestam serviços não essenciais foi obrigada a fechar as portas e demitir funcionários, consequência do isolamento. Cidades totalmente dependentes do turismo foram atingidas em cheio, em decorrência do espalhamento do vírus. No caso, também a população em geral teve certo prejuízo financeiro, gastando o que não tem com equipamentos de proteção individual para evitar a doença. Em relação aos Estados, alguns poderão ficar endividados, com dificuldades de crescimento econômico e outros com a economia colapsada, dependendo de uma boa gestão de cada representante estatal.

Quer dizer, a doença conhecida como Covid-19 causou uma reviravolta grandiosa em todo o planeta, em todas as áreas. Ninguém esperava por isso. Nesse momento angustiante, os olhos se voltaram para a República Popular da China como sendo a principal responsável pelo surgimento do coronavírus e consequentemente pelos danos causados em todo o planeta.

E porque não dizer que a partir daí no direito das gentes surgiu um conflito principalmente entre as duas maiores potências econômicas: China e Estados Unidos da América, não entre eles apenas, mas com a Europa também.

Nesse sentido, no âmbito do direito internacional, há a figura da responsabilidade internacional dos Estados, partindo do princípio de reparar e indenizar danos praticados por um Estado em decorrência de atos ilícitos causados por outro. Essa responsabilização dos Estados tem como finalidade forçar os Estados a cumprir com suas obrigações internacionais e aquele que sofreu o dano ter uma reparação justa, como dispõe o artigo 31 do Projeto da Comissão de Direito Internacional das Nações Unidas Sobre Responsabilidade Internacional dos Estados.

Qualquer Estado-membro que faz parte da Organização Mundial da Saúde – OMS, tem o dever de informar evidências de um evento de saúde público como está previsto no artigo 7º do Regulamento Sanitário internacional da OMS que assim dispõe:

Artigo 7 Compartilhamento de informações durante eventos sanitários inesperados ou incomuns

Caso um Estado Parte tiver evidências de um evento de saúde pública inesperado ou incomum dentro de seu território, independentemente de sua origem ou fonte, que possa constituir uma emergência de saúde pública de importância internacional, ele fornecerá todas as informações de saúde pública relevantes à OMS. Nesse caso, aplicam-se na íntegra as disposições do Artigo 6.

No caso da China, não há dúvidas de que o novo coronavírus (SARS-COV-2) ou Covid-19 foi um evento inesperado e de emergência de saúde pública. A República chinesa não avisou em tempo hábil de 24 horas, como prevê o artigo 6 do Regulamento Sanitário internacional, sobre a situação de saúde pública à OMS, descumprindo assim o regulamento sanitário, o que causou revolta em muitos Estados contra a China em relação à pandemia, o que não deixam de ter razão.

É nitidamente visível que o conflito internacional paira principalmente entre EUA e China, em que os EUA acusam a China de não se responsabilizar pelo coronavírus. Além de serem chamados de mentirosos, os chineses também são acusados pelos americanos de criarem o vírus em laboratório e de permitirem o espalhamento. Em contrapartida, os chineses acusam os americanos de levarem a doença até o país asiático através dos militares. Ou seja, um acusa o outro pelo surgimento do coronavírus. Eis aí um conflito internacional de cunho político e econômico, pois essas divergências refletem em si na economia no quesito bolsa de valores.

Depois dessa exposição a grande pergunta é: A China pode ser responsabilizada perante a Corte Internacional de Justiça para que repare os danos humanos e econômicos em virtude do coronavírus? Há uma possibilidade, pois há evidências de que China violou normas sanitárias internacionais. No entanto, primeiramente, esse conflito deverá ser solucionado por meio da negociação que é uma exigência antes de se chegar à Corte Internacional e que o Estado-membro esteja de fato determinado a demandar contra a China, o que será muito difícil isso acontecer.

Acredita-se que nenhum Estado irá demandar a China perante a Corte Internacional de Justiça, porque mesmo que a China seja responsável pelo surgimento desse vírus, o país tem tomado atitudes relevantes para combater a pandemia, como por exemplo, sendo a maior produtora de materiais de Equipamentos de Proteção Individual, fornecendo orientações a outros países em relação ao combate da doença, estão realizando testagem de vacinas contra o coronavírus e até receberam elogios da OMS em relação a isso. Isso faz com que os Estados percam força em litigar com a China na Corte Internacional de Justiça, haja vista que os Estados de certa forma dependem comercialmente da China, por ser uma das maiores exportadoras do mundo e de ter a segunda maior economia.

É inegável que hoje há uma tensão entre os EUA e China, não somente agora, mas sempre irão existir conflitos entre esses países. Mas especificamente, em relação aos EUA, acredita-se também que estes não demandarão a China perante a Corte Internacional devido acordo comercial entre eles. O que os EUA podem fazer, por exemplo, é uma retaliação impondo tarifas comerciais.

Caso a China seja demandada no campo internacional perante a Corte Internacional de Justiça, poderá utilizar-se da exclusão de responsabilidade por motivo de força maior, previsto no artigo 23 § 1º do Projeto de Convenção da ONU:

Art. 23. Força maior

1. A ilicitude de um ato de um Estado em desacordo com uma obrigação internacional daquele Estado será excluída se o ato se der em razão de força maior, entendida como a ocorrência de uma força irresistível ou de um acontecimento imprevisível, além do controle do Estado, tornando materialmente impossível, nesta circunstância, a realização da obrigação.

A República Chinesa pode muito bem alegar que o coronavírus foi um acontecimento imprevisível e fora de controle daquele país, por exemplo. Caso a excludente seja inaceitável, o Estado que porventura litigar contra a China deve provar que a mesma se responsabilizou pelo risco da pandemia da Covid-19, em virtude de não ter comunicado no prazo hábil de 24 horas o evento danoso relativo à saúde pública naquele Estado.

Outro questionamento é quanto à responsabilização da Organização Mundial de Saúde. Poderia a OMS também ser responsabilizada por não aplicar punição à República Popular da China devido o atraso no repasse das informações sobre o vírus? Até agora, não há fundamentos suficientes para a responsabilização da OMS pela não aplicação da sanção à China e demora na comunicação. Saliente-se que a OMS não pode sofrer responsabilização pelos atos da China. Assim sendo, a OMS também vem adotando providências no combate ao coronavírus com suas recomendações. No entanto, para que haja sucesso, contra essa doença invisível, depende da obediência dos Estados em seguir as recomendações. Infelizmente, nem todos os Estados têm essa disposição em colaborar como é o caso típico do Brasil, diga-se que o seu atual Chefe de Estado faz pouco caso com essas recomendações da OMS.

CONSIDERAÇÕES FINAIS

Diante do exposto, existem diversos tipos e vários temas envolvendo conflitos internacionais sejam eles políticos, jurídicos, humanos, cibernéticos, territoriais, ambientais, comercial, controvérsia em algum ponto relativo a tratado ou acordo, etc. Esta lista é infinita. Sempre que existir sociedade organizada haverá conflitos, tendo como principal motivo os diferentes pensamentos, a princípio.

Entende-se que antes de levar a demanda à Corte Internacional de Justiça, deve-se primeiro procurar a solução através de negociação, inquérito, mediação, conciliação, arbitragem ou qualquer outro meio pacífico, como previsto no artigo 33 da Carta das Nações Unidas.

Sabe-se que os Estados resolvem os conflitos por meio da negociação diplomática, que logicamente é a forma mais simples de pôr um fim em uma divergência, pois preferem resolver dessa maneira ao submeter o conflito à Corte Internacional, não que menosprezem o importante Tribunal, mas é um meio que os Estados encontraram para amenizar os conflitos.

Verificou-se que a jurisdição da Corte Internacional de Justiça não é automática, pois fica na dependência dos Estados litigantes para poder se manifestar, é em regra facultativa. Assim, o trabalho da Corte em exercer sua competência está restrito à disposição dos Estados. A Corte tem recebido causas muito complexas e importantes para a sociedade internacional, realizando com isso um trabalho eficaz, cumprindo o Estatuto e a Carta da ONU e atuando de forma imparcial, apesar da sua fragilização com o aparecimento de organizações internacionais nos últimos anos.

Abordou-se sobre o atual conflito internacional envolvendo Estados Unidos da América e a República Popular da China, em virtude da pandemia ter surgido neste país e ambos acusam-se quanto à origem do vírus. Analisou-se que há uma possibilidade da China ser responsabilizada pelo atraso em comunicar à Organização Mundial de Saúde, em tempo hábil de 24 horas, o evento incomum e inesperado de saúde pública, ocorrido dentro do seu território. Mas isso não se concretizará pelo fato da própria República Chinesa estar tomando medidas para o combate da Covid-19 e ainda, quanto aos EUA, ambos os países têm acordo comercial. O que se observa são apenas ameaças.

Portanto, conclui-se que a Corte Internacional de Justiça ainda exerce e cumpre o seu papel importante em solucionar conflitos internacionais de forma pacífica, ainda que ofuscada, mas não freada, ou seja, está pronta para ser acionada e irá depender da boa vontade dos Estados. Como já delineado no artigo, o objetivo maior da Organização das Nações Unidas é a manutenção da paz internacional.

REFERÊNCIAS

BRASIL. Agência Nacional de Vigilância Sanitária. 2005.Versão em português aprovada pelo Congresso Nacional por meio Decreto Legislativo 395/2009 publicado no DOU de 10/07/09, pág.11.pdf., [s.d.]. Disponível em: <http://portal.anvisa.gov.br/documents/375992/4011173/ Regulamento+Sanit%C3%A1rio+Internacional.pdf/42356bf1-8b68-424f-b043-ffe0da5fb7e5>. Acesso em: 10 maio. 2020

CAVALCANTE, M.D. Conflitos Internacionais. <http://www.publicadireito.com.br/conpedi/manaus/arquivos/anais/XIVCongresso/061.pdf>. Acesso em 17 de março de 2020.

ESCOBAR, B.T; BRUM, Daniel. CONFLITOS INTERNACIONAIS E A SOCIEDADE IDEAL SEGUNDO EDGAR MORIN: A COMPLEXIDADE DO SURGIMENTO, DA PERSPECTIVA E DO VIVER EM CRISE. Revista de Direitos Humanos em Perspectiva. 3. 1. 10.26668/IndexLawJournals/2526-0197/2017.v3i1.2251.

FACCIOLLI, . F. Direito Internacional Humanitário - Volume I - Guerras e Conflitos Armados - De Acordo com as Leis, Acordos, Tratados e Convenções Internacionais Vigentes. Disponível em: <https://www.jurua.com.br/bvu/conteudo.asp?id=24140&pag=1>. Acesso em: 15 abr. 2020.

JUBILUT, L. L. O direito internacional dos refugiados e sua aplicação no ordenamento jurídico brasileiro. São Paulo: Editora Método, 2007.

MAZZUOLI, Valério de Oliveira. Responsabilidade internacional dos Estados por epidemias e pandemias transnacionais: o caso da Covid-19 provinda da República Popular da China. In: Diálogo ambiental, constitucional e internacional, vol. 10. Lisboa: Universidade de Lisboa, 2020, p. 568-624. Diálogo Ambiental, Constitucional e Internacional, [s.d.].

MELLO, C. D. A de. Curso de Direito Internacional Público. Edição: 12 ed. vol. 1. Renovar, 2000.

MENEZES, E. Solução Pacífica de Litígios Internacionais. Faculdade Estácio de Sá. Campo Grande/MS. 2002. Disponível em: < https://egov.ufsc.br/portal/conteudo/solu%C3%A7%C3%A3o-pac%C3%ADfica-de-lit%C3%ADgios-internacionais>. Acesso em 18 abr.2020

NETO, L. D. F.; RIBEIRO, C. F. T. A Judicialização do Direito Internacional: a Jurisdição da Corte Internacional de Justiça sob a Ótica do Voluntarismo Estatal no Caso do Brasil. Revista Brasileira de Direito Internacional, v. 2, n. 1, p. 270–286, 30 out. 2016.

NOGUEIRA, R. B. Os países da América do Sul e a submissão dos seus conflitos à Corte Internacional de Justiça. 2010. Disponível em <https://lume.ufrgs.br/handle/10183/27172>. Acesso em 19 abr. 2020

NUNES, P. H. F. Direito Internacional Público - Introdução Crítica. Disponível em: <https://www.jurua.com.br/bvu/conteudo.asp?id=27956&pag=1>. Acesso em: 15 abr. 2020.

PALCHETTI, P. Desafios e perspectivas da Corte Internacional de Justiça. RDUno: Revista do Programa de Pós-Graduação em Direito da Unochapecó, v. 1, n. 1, p. 52–60, 14 fev. 2019.

REZEK, J. F. Direito Internacional Público - Parte II. 17. ed. São Paulo: Saraiva, 2018.

ROSSI, J. S. O Papel da Corte Internacional de Justiça na Fragmentação do Direito Internacional. p. 23, [s.d.].

SALIBA, D. A. T. PROJETO DA COMISSÃO DE DIREITO INTERNACIONAL DAS NAÇÕES UNIDAS SOBRE RESPONSABILIDADE INTERNACIONAL DOS ESTADOS. p. 11, [s.d.].

SILVA, J.; SILVA, L. M. F. A EVOLUÇÃO DOS CONFLITOS ARMADOS NO ORDENAMENTO JURÍDICO INTERNACIONAL: um estudo sobre a guerra no Sudão do Sul. Revista Brasileira de Direito Internacional, v. 5, n. 1, p. 1–21, 21 out. 2019.

SOARES, H. H. M. DE A. Regime Internacional de Paz: A Corte Internacional de Justiça enquanto Solucionadora de Conflitos Internacionais. Revista Pensamento Jurídico, v. 9, n. 1, 31 ago. 2016.

SOUZA, D. S. O. DE. Corte internacional de justiça : relevância emergente da competência consultiva. 28 out. 2015.

VARELLA, M. D. Direito Internacional Público. 4. ed. São Paulo: Saraiva, 2012.

VIEIRA, D. R., BRANT, L. N. C. A Corte Internacional de Justiça: papel e perspectivas atuais. p. 18, 2008.